此书由大连大学文学院资助出版

编委会

语言服务书系·修辞研究

修辞研究

（第十辑）

主编　吴礼权　李　索　张祖立

暨南大学出版社

JINAN UNIVERSITY PRESS

中国·广州

图书在版编目（CIP）数据

修辞研究. 第十辑／吴礼权，李索，张祖立主编. —广州：暨南大学出版社，2023.12
（语言服务书系. 修辞研究）
ISBN 978 - 7 - 5668 - 3837 - 7

Ⅰ.①修…　Ⅱ.①吴…②李…③张…　Ⅲ.①修辞学—研究　Ⅳ.①H05

中国国家版本馆 CIP 数据核字（2023）第 233770 号

修辞研究（第十辑）
XIUCI YANJIU（DI-SHI JI）
主　编：吴礼权　李　索　张祖立

···

出 版 人：阳　翼
统　　筹：杜小陆
责任编辑：黄志波
责任校对：刘舜怡　何江琳
责任印制：周一丹　郑玉婷

出版发行：暨南大学出版社（511443）
电　　话：总编室（8620）37332601
　　　　　营销部（8620）37332680　37332681　37332682　37332683
传　　真：（8620）37332660（办公室）　37332584（营销部）
网　　址：http：//www.jnupress.com
排　　版：广州良弓广告有限公司
印　　刷：广州市友盛彩印有限公司
开　　本：787mm×1092mm　1/16
印　　张：12.625
字　　数：240 千
版　　次：2023 年 12 月第 1 版
印　　次：2023 年 12 月第 1 次
定　　价：49.80 元

目　录

小说叙事修辞研究

话剧修辞研究

词汇与修辞

汉语非叠音双音节词今读同音问题的补充研究

——以"鞑靼"等词为例①

孙玉文②

（北京大学中文系　北京　100871；武汉大学文学院　武汉　430072）

摘　要：本文试图论证《现代汉语词典》中所收非叠音双音节词，在刚开始造词时，两个音节不同音，但在现代汉语普通话中同音，这是后来演变的结果。"鞑靼"是突厥语 Tatar 的音译词，本文重点分析"鞑靼"在造词和刚出现各种异写时，"达怛""达靼""鞑靼"诸词或同一个词的异写形式，两个音节读音不同，今天"达怛""达靼""鞑靼"两个音节读音相同，是后来演化的结果。

关键词：双音节词；非叠音词；异词；异写；读音

一

　　拙作《汉语双音词两音节之间语音异同研究》据汉语每一个双音节词的两个音节之间读音是否相同，将其分成两类：一类是叠音双音节词，一类是非叠音双音节词。这两类双音节词投射到汉字上，表现为：凡是叠音词，都用同一个汉字来记录，《诗经》时代迄今的双音节词都如此，没有例外；凡是非叠音词，两个音节都写作不同的汉字，也没有例外。因此，我们可以汉字字形的表现为基础来界定文献中的叠音双音节词和非叠音双音节词：一个双音节词，凡是写成同一个汉字的就是叠音词；凡是写成两个不同汉字的，就是非叠音词。

　　笔者利用多种汉语辞书，统计了从古至今大量的非叠音双音节词和叠音双音节词，非叠音双音节词既有单纯词又有合成词，得出结论：凡是写成不同汉字，两个音节在造词时有区别的双音节词，都是非叠音词。

　　之所以造成这种构词格局，是因为叠音词能够造就的词十分有限，不能满足交际的需要。汉语的非叠音词基本上都是在单音节词的基础上形成的。汉语起先采取的是单音节造词，原来的单音节词给双音节词两个音节之间读音的差别提供了物质基础。如果非叠音的双音节词两个音节同音，

---

①　文章写作过程中，蒙向筱路、张久、周子涵诸君提出宝贵的修改意见，谨致谢忱！

②　作者简介：孙玉文，北京大学文学博士，北京大学中文系教授、博士生导师。

那么它们跟真正的叠音词以及语法上的 AA 式重叠形式很难区隔，而且造出来的双音节词有限，也难以识别不同的词，严重影响交际。如果让非叠音词的双音节词两个音节不同音，那么就可以造出海量的非叠音词，这些双音节词读起来也有错综，增大非叠音双音节词在语音上的区别度。

这是汉语非叠音双音节词造词的一个重要的语音特征，深刻影响着汉语的语音、词汇、语法，值得深入挖掘。例如关于语音演变方向，汉语单音节词构词的阶段不仅使汉语声母、韵母及声韵母相配的格局复杂多变，还出现了声调，以便满足汉语单音节词之间的区别度。后来汉语双音节词出现了，它的发生、发展及其壮大加速了汉语语音的简化过程。但是语音的简化不可能没有止境，简化必然有它的限度。阻止语音无限度简化的一个重要方面就是，它必须最大限度地维护汉语非叠音双音节词两个音节之间的差别，不至于影响人们利用汉语进行交际的质量。

汉语非叠音双音节词的这个规律似乎有个别例外。在上古，据一些专书词典所列，只有一个"仁人"是例外。《礼记·中庸》"仁者，人也"，郑玄注："人也，读如相人偶之人，以人意相存问之言。"据此则或许汉时"人"有别义的异读，与"仁"未必同音。不过郑注也可能只是在训释字义，"人偶"为汉时习语。整部《辞源》（1979 年版）中，只有"狗苟"是例外，但"狗苟"是不是一个词很可疑，它一般是嵌套进"蝇营狗苟"作为四字格成语来使用的。笔者在统计《现代汉语词典》（1983 年版）时，初步得出非叠音的双音节词有 35 499 个，其中两个音节读音相同的只有 22 个。

本文试图补充论证《现代汉语词典》（1983 年版）中所收的所有非叠音双音节词，包括上面提及的 22 个非叠音词，在刚开始造字时，两个音节都是不同音的。但它们在现代汉语普通话中同音，这是后来演变的结果。本文重点分析"挞靼"一词中"挞""靼"的读音。

"挞靼"写成了不同的汉字，按道理是非叠音词，可是拿现代汉语的读音来读，构成"挞靼"的两个字"挞"和"靼"都读 dá，读音相同。我们应该考虑语音会发生变化，"挞靼"中"挞""靼"两字是否同音，不能拿今天的读音来判断，要拿造这个词时的读音来分析。"挞靼"在造词和刚出现各种异写时，"挞靼""达靼""达怛"等不同的词或每一个词异写形式的两个字读音不同，今天"达怛""达靼""挞靼"读音相同，是后来演化的结果。

二

《现代汉语词典》（1983 年版）除了"挞靼"，剩下的 21 个是：各个、股骨、决绝、陆路、秘密、屈曲、全权、熔融、世事、视事、逝世、授受、蜀黍、橐驼、行刑、岩盐、叶腋、意义、意译、异议、幽忧。这些词前后两个音节在现代汉语中读音相同。

这22个词都不是例外，它们在刚开始造词时读音有别。这要从它们产生的时代和地域来观察。

先看"鞑靼"以外的其他21个双音节词。

"各个"一词见于现代人著作。"各个"中，"各"为入声，"个"为去声。这个词显然是在"各"和"个"读音有分别的方言区产生的一个词，在今天很多方言中，"各"和"个"的读音仍然区分得很清楚。

"股骨"一词产生较晚。"股骨"中，"股"为上声，"骨"为入声，这个词在相当多的现代方言中区别得清清楚楚。

"决绝"已见于上古，《庄子·外物》："夫流遁之志，决绝之行，噫，其非至知厚德之任与。"枚乘《七发》："诚必不悔，决绝以诺；贞信之色，形于金石。"在"决绝"出现时，"决"和"绝"的读音相差极远，"决"是见母月部，"绝"是从母月部。

"陆路"中，"陆"为入声，"路"为去声。徐弘祖《徐霞客游记·粤西游日记二》："小山之东为龙船山，又西南为夹道双山，此北门陆路所出也。"今天保留有入声的方言，"陆路"一词的两个音节读音都有异。

"秘密"中，"秘"在《广韵》中为兵媚切，"密"为弥毕切，读音不同。《晋书·刘隗传》："隗虽在外，万机秘密皆豫闻之。"可见此词刚出现时"秘"和"密"的读音有别。今天许多方言中，"秘""密"的读音不同。

"屈曲"中，"屈"在《广韵》中为区勿切，"曲"为丘玉切，读音不同。《文选·张衡〈东京赋〉》"谐门曲榭，邪阻城洫"，薛综注："冰室门及榭，皆屈曲邪行，依城池为道也。"可见此词刚出现时，"屈"和"曲"的读音有别，"屈"为上古溪母物部，"曲"为溪母屋部。

"全权"这个词出现的时代比较晚，但《广韵》中"全"为疾缘切，"权"为巨员切。至今很多方言中，"全"和"权"的读音有别。造"全权"一词的应该是来自"全""权"读音有别的方言区的人。

"熔融"这个词出现的时代比较晚，早期文献的用例有待观察。但《广韵》中"熔"为余封切，"融"为以戎切，读音有别。据《汉语方音字汇》第369页，至今很多方言中，"熔"和"融"的读音有别。例如厦门、潮州、福州等地，"熔""融"在文读音中很难区分，但"熔""融"在白读音中能够区分开。造"熔融"一词的应该是来自"熔""融"读音有别的方言区的人。

"世事"，《广韵》中"世"为舒制切，"事"为鉏吏切，读音差别不小。此词上古已出现，《周礼·地官·大司徒》："以世事教能，则民不失职。"郑玄注："世事，谓士农工商之事。"上古"世"为书母月部，"事"为崇母之部。

"视事"，《广韵》中"视"为承矢切，"事"为鉏吏切，读音差别不小。《左传·襄公二十五年》："享诸北郭，崔子称疾，不视事。"上古"视"为禅母脂部，跟"事"读音不同。

"逝世"，《广韵》中"逝"为时制切，跟"事"读音差别不小。《坛经·行由品》："汝去三年，吾方逝世。"可见"逝世"一词出现时，"逝""世"读音不同。

"授受"，《广韵》中"授"为承咒切，"受"为殖酉切，二字声调不同。《孟子·离娄上》："男女授受不亲，礼与？"拙作《从出土文献和长韵段等视角看上古声调》已论证至晚从《诗经》时代开始，汉语就有上、去二调的区别。

"蜀黍"，《广韵》中"蜀"为市玉切，入声；"黍"为舒吕切，上声。二字读音差别不小。"蜀黍"一词出现得较晚，但直至今日，许多方言"蜀""黍"二字读音仍然保持着区别。造"蜀黍"一词的应该是来自"蜀""黍"读音有别的方言区的人。

"橐驼"，《广韵》中"橐"为他各切，"驼"为徒河切，二字读音差别不小。此词上古已出现，《山海经·北山经》："其兽多橐驼，其鸟多寓。"上古"橐"为透母铎部，"驼"为定母歌部。

"行刑"，《广韵》中"行"为户庚切，"刑"为户经切，读音有差别。《国语·周语上》："赋事行刑，必问于遗训，而咨于故实。"上古"行"为匣母阳部，"刑"为匣母耕部。

"岩盐"，《广韵》中"岩"为五衔切，"盐"为余廉切，读音差别很大，今天仍然有不少方言"岩""盐"有别。此词出现得较晚，造"岩盐"一词的应该是来自"岩""盐"读音有别的方言区的人。

"叶腋"，《广韵》中"叶"为与涉切，"腋"为羊益切，读音差别很大，今天仍然有不少方言"叶""腋"有别。此词出现得较晚，造"叶腋"一词的应该是来自"叶""腋"读音有别的方言区的人。

"意义"，《广韵》中"意"为于记切，"义"为宜寄切，读音差别很大，今天仍然有不少方言"意""义"有别。《三国志·魏书·王凌传》："旌先贤之后，求未显之士，各有条教，意义甚美。"可见"意义"一词出现时，"意""义"读音不同。

"意译"，《广韵》中"译"为羊益切，跟"意"读音差别很大，今天仍然有不少方言"意""译"有别。此词出现得较晚，造"意译"一词的应该是来自"意""译"读音有别的方言区的人。

"异议"，《广韵》中"异"为羊吏切，"议"为宜寄切，读音差别很大，今天仍然有不少方言"异""议"有别。《后汉书·耿弇列传》："每有四方异议，辄召入问筹策。"可见"异议"一词出现时，"异""议"读音不同。

"幽忧"，《广韵》中"幽"为于虬切，"忧"为于求切，读音有差别。《庄子·让王》："我适有幽忧之病，方且治之，未暇治天下也。"成玄英疏："幽，深也；忧，劳也。"上古"幽""忧"都是影母幽部、平声，但是等列不同，按照王力先生的古音系统，一个是三等，一个是四等。拙作《上古汉语韵重现象研究》论证上古汉语在同开合、同等的条件下，存在着两类三等韵。见于尤、幽都是三等韵，则"幽忧"可以看作两类三等韵的不同，它们在上古只有两类三等介音的不同。

由此可见，这21个非叠音词在造词时前后两个音节读音不同，它们前后两个音节读音相同，是后来演变的结果。即便如此，汉语中所有的非叠音双音节词由不同音变为同音者，仍然是个别情况。

当然，《汉语大词典》所收的非叠音双音节词还很有限，有一些非叠音双音节词没有被收进去，其中包括一些按照普通话读音来读两个音节同音的词。例如我国有些地方都有地名"西溪"，如江苏东台、浙江杭州、广西贺州都有"西溪"，在这些地方"西""溪"读音仍然有别。《广韵》中"西"为先稽切，心母齐韵开四；"溪"为苦奚切，溪母齐韵开四。今天普通话"西""溪"同音现象是"溪"读音例外所致，"溪"读音例外应该不早于明代，《合并字学集韵》已经有"兴梯切"这样的反切。在江苏东台、浙江杭州、广西贺州等地，在造"西溪"一词时，"西""溪"读音不同，所以这些地方都有"西溪"的地名。

据上所论，可知汉语语音的演变受制于非叠音双音节词的构词模式。汉语语音无论怎样演变，一般都保持了非叠音词两个音节的读音区别。

三

"鞑靼"是突厥语 Tatar 的音译词。今所见最早记录的突厥语有关此词的材料，是唐开元二十年（732）用突厥文和汉文写就的《阙特勤碑》，该碑是毗伽可汗为了纪念他弟弟阙特勤所立，由俄国学者于 19 世纪末在今蒙古国呼舒柴达木湖畔发现。碑正面、左右两边都刻有突厥文，背面是唐玄宗为哀悼阙特勤可汗所写的汉文悼文。

据韩儒林于民国二十四年（1935）撰写的《突厥文阙特勤碑译注》，碑南面突厥文第一行有"三十姓鞑靼"，东面第四行有"三十姓鞑靼，契丹人"，第十四行有"三十姓鞑靼，契丹"。据韩文研究，三十姓鞑靼，原文为 Otuz – Tatar，《阙特勤碑》是当时鞑靼民族最古的记录，但为突厥文的记录，并不意味着当时的汉语出现 Tatar 的音译字词"鞑靼"。两宋、辽、金时期，汉族人和西域人将蒙古高原各部泛称为鞑靼，将漠北蒙古部称为黑鞑靼，将漠南汪古部称为白鞑靼。蒙古兴起后，兼并诸部，统称蒙古，但中原、西域人仍习称鞑靼。元亡以后，明代把东部蒙古（元帝室后裔所部）称为鞑靼。

先看 Tatar 自古及今的不同译法。王国维《鞑靼考》对此考证精详。从理论上说，这些不同的译法，有的可能是一词异写，有的是不同的词，这些词的含义在不同时代会产生不同的变化。

（一）达怛

王国维《鞑靼考》："李德裕《会昌一品集》卷五有《赐回鹘嗢没斯特勒等诏书》，末云：'卿及部下诸官，并左相阿波兀等部落、黑车子达怛等，平安好。'又卷八《代刘沔与回鹘宰相颉于伽思书》云：'纥扢斯专使将军踏布合祖云：发日，纥扢斯即移就合罗川，居回鹘旧国，兼已得安西、北庭、达怛等五部落。'是为鞑靼见于汉籍之始，时唐武宗会昌二年也。"《宋朝事实类苑》卷七八《安边御寇（四）》引北宋范镇（1007—1088）《东斋记事》"契丹"："予尝使契丹，接伴使萧庆者谓予言：'达怛人不粒食，家养牝牛一二，饮其乳，亦不食肉，粪汁而饮之，肠如筋，虽中箭不死。'"

"达"通常的读音是定母曷韵开一，"靼"跟"怛"同音，是端母曷韵开一，因此"达靼"仍然可以看作不同音。范镇是宋仁宗时人，当时全浊声母正处于清音化过程中，仍然保留了全浊声母，"达"跟"怛"自然不同音。本来，"ta"和"tar"这两个音节的起首辅音相同，都是 t，但它们后接的语音组合不同。汉语不太容易转写这后接的语音组合，于是改用不同的声母反映"Tatar"这两个音节。

（二）达靼

《旧唐书·僖宗纪》："三月，陈景思赍诏入达靼，召李克用军屯蔚州，克用因大掠雁门已北军镇。"《新唐书·沙陀传》："国昌自达靼率兵归代州。扰汾、并、楼烦，不释铠。"《新五代史·四夷附录第三》："达靼，靺鞨之遗种，本在奚、契丹之东北，后为契丹所攻，而部族分散，或属契丹，或属渤海，别部散居阴山者，自号达靼。当唐末，以名见中国。"

《新唐书》有宋代董冲《新唐书释音》二十五卷，卷二十四有给《沙陀传》的注音，但是其中没有给"达靼"中"达"和"靼"二字注音，可见此二字是按照"达"和"靼"的通常读音来读，"靼"音同"怛"。因此，"达靼"中"达"和"靼"的读音不同。

《资治通鉴·唐纪六十七》："承训奏乞沙陀三部落使朱邪赤心及吐谷浑、达靼、契苾酋长各帅其众以自随。"胡三省注："靼，当葛翻。"《资治通鉴·后晋纪三》："始，安重荣移檄诸道，云与吐谷浑、达靼、契苾同起兵，既而承福降知远，达靼、契苾亦莫之赴，重荣势大沮。"胡三省注："靼，当割翻。"两处"达"均不注音，当是按常见音读定母。

（三）鞑靼

这个写法在正史中最早见于《明史·鞑靼传》，这是将原来第一个字"达"写成"鞑"。实际上，"鞑靼"的写法应该远在此之前的南宋已出现。南宋赵拱时已有"鞑靼"的写法。宋代赵拱《蒙鞑备录·立国》（1221）："鞑靼始起，地处契丹之西北，族出于沙陀别种，故于历代无闻焉。其种有三：曰黑，曰白，曰生。所谓白鞑靼者，颜貌稍细，为人恭谨而孝，遇父母之丧，则黥其面而哭。尝与之联辔，每见貌不丑恶，其腮有刀痕者，问曰：白鞑靼否？曰：然。凡掠中国子女，教成却归之，与人交言有情。今彼部族之后，其国乃鞑主成吉思之公主必姬权管国事。近者入聘于我宋副使速不罕者，乃白鞑靼也。每联辔间，速不罕未尝不以好语相陪奉慰劳，且曰：辛苦无管待，千万勿怪。所谓生鞑靼者，甚贫且拙，且无能为，但知乘马随众而已。今成吉思皇帝及将相大臣，皆黑鞑靼也。"

在南宋，全浊声母已经完成了清音化，容易造成"鞑""靼"同音。但当时二字不同音。"鞑"字读音后来发生了例外音变，"鞑""靼"二字仍然不同音。据明代李登《重刊详校篇海》卷一《革部》："鞑，他达切，音挞……又鞑靼，北狄总名。"又"靼，多达切，音妲……又鞑靼，北狄别名"。张自烈《正字通·革部》"鞑"字条收录了双音节词"鞑靼"。"鞑"的读音是"挞"，这是透母曷韵开一。"靼"之下没有收"鞑靼"一词，但"靼"里有"徒达切，音塔"一读。由此，直到明代，"鞑靼"两个字的读音都是有区别的。《康熙字典·革部》仍之："【篇海】同挞。【正字通】本作鞑，又鞑靼，如（当作'始'）起地处契丹西北，族出沙陀别种。"

（四）达旦

《鞑靼考》：“然《唐书·地理志》引贾耽《入四夷道里记》云：'……又西北经密粟山、达旦泊、野马泊、可汗泉、横岭、绵泉、镜泊，七百里至回鹘牙帐。'此达旦泊在回鹘牙帐东南数百里，疑以鞑靼人所居得名。”《辽史·圣宗纪》：“开泰元年正月，达旦国兵围镇州，州军坚守，寻引去。”这是将Tatar的tar译为“旦”，“达”和“旦”读音有别。“旦”是阳声韵，跟前面的“达怛”“达靼”“鞑靼”可以看作不同的词。

（五）塔坦

《续资治通鉴长编》卷七：“于塔坦国天王娘子及宰相允越皆遣使来修贡。”“塔坦”是Tatar的另一种汉译形式，将ta译为“塔”，tar译为“坦”，“塔”“坦”双声，但读音不同。“塔坦”跟“达旦”读音有别，用字也不同，应该处理为另一个词。

（六）塔靼

《续资治通鉴长编》卷五十五：“真宗咸平六年七月，契丹供奉官李信来归，言戎主母后萧氏有姊二人，长适齐王，王死，自称齐妃，领兵三万，屯西鄙驴驹儿河，使西捍塔靼，尽降之。”这里“塔”和“靼”声母不同，“塔”是透母，跟《重刊详校篇海》所云“他达切”一致。

（七）达达

元曲中出现了“达达”，似乎应该看作Tatar的音译词。但是问题没有那么简单。我们知道，早在唐代以前，汉语就开始了全浊声母清音化；至唐，这一进程加速；至宋，在北方汉语中，基本上已经完成了全浊声母清音化的过程。“达”是定母，已经读成了端母。所以元曲中写作“达达”有两种可能：一是“达达”是“鞑靼”在元明时期读音混同的结果，因为读音混同，于是人们用“达达”去记录它；二是“达达”跟“达怛”“达靼”“鞑靼”诸同词异写之间没有源流关系，它是用“达达”去译写突厥语Tatar而产生的一个新词。

明代叶子奇《草木子·杂俎》：“达达即鞑靼，耶律即契丹，大金即完颜氏。”可见此时“达达”跟“鞑靼”是同义的。

元代武汉臣《玉壶春》第二折：“我将你卖与回回、达达、虏虏去。”

臧晋叔《音释》没有给其中的"达"注音。元代杨显之《酷寒亭》第三折："他道你是甚么人？我道也不是回回人，也不是达达人，也不是汉儿人。"同样地，臧晋叔《音释》也没有给其中的"达"注音。这说明，"达达"都要按照"达"字通常的读音去读。

元明时期出现的"达达"，可以看作跟"达怛""达靼""鞑靼"不同的词，它是一个叠音词，"达怛""达靼""鞑靼"记录的是同一个词。

（八）塔塔儿

《鞑靼考》："今案《元朝秘史》四：'大金因塔塔儿蔑古真薛兀勒图不从他命，教王京丞相领军来剿捕，逆着浯漒札河，将蔑古真薛兀勒图袭着来。"可见，"塔塔儿"是蒙古族人所说汉语的音译词。塔塔儿，可以看作突厥语 Tatar 的音译词，语音组合的结构应该是"塔/塔儿"，译过来的是三音节词，这当然是另一个词。

"达怛""达靼""鞑靼"都是"鞑靼"一词的各种异写。"塔坦""塔靼""达达""塔塔儿"是四个不同的词，但这些词都是突厥语 Tatar 的音译词。由上面的考证可见，"达怛""达靼""鞑靼"的这些异写，在它们刚出现的时候，每一个异写的两个字读音均不相同。"鞑靼"的各种异写，不是拙作《汉语双音词两音节之间语音异同研究》的反例，汉语非叠音双音节词两个音节之间的读音有区别，这几乎是没有反例的。

四

汉语造词，由原来的单音节变成多音节，多音节造词运动中，双音节词占绝对优势。这本身就能证明语音在汉语的造词运动中起到重要作用。现在我们继续看到，叠音词的两个音节同音，非叠音双音节词两个音节之间的读音要有区别，这也是语音制约汉语双音节词构词的不同表现。不仅如此，维持非叠音双音节词两个音节之间读音的区别，也是决定汉语语音如何变化的一个重要的因素。无论汉语语音如何简化，它都要尽可能地维持非叠音双音节词两个音节之间读音的区别，以利于汉语交际功能的发挥。

这种造词运动启发我们：研究汉语复音词，必须考虑语音因素；不考虑语音因素，就不可能讲清楚双音节词的起源和发展。

既然语音在汉语双音节造词中起到作用，那么研究语音修辞在汉语造词法中的作用，就是不可忽视的研究方向。

我们还可以观察到，汉语双音节词的同音词，对比单音节词的同音词，数量大大减少。这种词汇格局无疑会对词与词之间的语法铺排产生极大影响。汉语自甲骨文时代起，各种句法结构几乎不出现句子成分同形的现象。先秦有个别"主谓同形"的现象，例如《论语·颜渊》："孔子对曰：'君君，臣臣，父父，子子。'"其中"君君""臣臣""父父""子子"都是主谓结构，主语、谓语用同一个词形，这种现象极为罕见，而且如果不是用在排比句中，就不能有这样的表达。正因为如此，人们才将其提取出来加以讨论。后来出现了绕口令，例如赵元任创作的《施氏食狮史》："石室诗士施氏，嗜狮，誓食十狮。施氏时时适市视狮。十时，适十狮适市。是时，适施氏适市。施氏视是十狮，恃矢势，使是十狮逝世。氏拾是十狮尸，适石室。石室湿，氏使侍拭石室。石室拭，施氏始试食是十狮尸。食时，始识是十狮尸，实十石狮尸。试释是事。"赵氏之所以创作这种绕口令，是因为他利用了汉语句子铺排中几乎不出现句子成分同形的现象来达到表达效果。这正表明：正常的汉语句子在它形成时，语音是有支配作用的。

因此，研究词与词之间的语法铺排必须注意到这个事实，离开了语音，光凭语法、语义来研究句法，那是很有缺陷的。如果撇开语音而单纯研究句法、语义，那就不可能透彻地揭示汉语语法的规律。

参考文献

1. 北京大学中国语言文学系语言学教研室．汉语方音字汇［M］．第 2 版重排本．北京：语文出版社，2003．

2. 孙玉文．汉语双音词两音节之间语音异同研究［J］．语文研究，2013（3）．

3. 孙玉文．上古汉语韵重现象研究［C］//字学咀华集．北京：北京大学出版社，2020．

4. 孙玉文．从出土文献和长韵段等视角看上古声调［C］//字学咀华集．北京：北京大学出版社，2020．

5. 王国维．鞑靼考（附鞑靼年表）［C］//观堂集林：第三册．北京：中华书局，1959．

6. 王国维．《蒙鞑备录》《黑鞑事略》笺证［M］．北平：文殿阁书庄，1936．

A Supplementary Study on the Pronunciation of Non-reduplicated Bi-syllabic Words in Contemporary Chinese

—As Seen from "*Dada*" （鞑靼） and Some Other Words

Sun Yuwen

(*Department of Chinese, Peking University, Beijing,* 100871; *Department of Chinese, Wuhan University, Wuhan,* 430072)

Abstract: This paper aims to demonstrate that the two syllables of all non-reduplicated bi-syllabic words in the *Contemporary Chinese Dictionary* originally had different pronunciations, and later have the same sound due to language evolution. The word "*dada*" （鞑靼） is a transliteration form of the Turkic Tatar. This paper focuses on analyzing the pronunciations of various written forms like "*dada*" （达怛）, "*dada*" （达靼）, and "*dada*" （鞑靼） in the time when they first came into use, and finds out these words had different pronunciations in the two syllables. Today, these words have the same pronunciation in the two syllables, which is a result of later evolution.

Key words: bi-syllabic words, non-reduplicated words, different words, various written forms, pronunciation

马来西亚华文报刊词汇运用特点管窥

——以马来西亚第15届大选华文报刊报道为例

郭伏良　梁　健①

（河北大学国际交流与教育学院　保定　071002）

摘　要：马来西亚华语是全球华语的重要组成部分之一，与我国汉语同根同源。研究其运用特色有助于探寻全球华语发展脉络，有助于对比分析马来西亚华语与我国汉语普通话的差异。报刊词汇来源于日常生活，关系国计民生。马来西亚华文报刊是观察分析马来西亚华语的重要语料来源，故将其作为本文的主要研究对象。马来西亚第15届全国大选引发全民热议，相关报道甚多。本文将以此为例，分析马来西亚华文报刊词汇运用的四个特点。

关键词：马来西亚；华文报刊；词汇；运用特点

　　马来西亚是除我国以外唯一拥有小学、中学、大学完整华文教育体系的国家。在华人交际中，其日常语言大都是华语或闽粤方言、客家话等。华语传承与中华文化氛围浓厚，是马来西亚华人社会的显著特色，这一点尤其体现在马来西亚华文报刊词汇的运用上。马来西亚华文报刊主要有《星洲日报》《光华日报》《中国报》和《南洋商报》等，本文例句皆取自上述报刊。

　　通过浏览马来西亚华文报刊，我们发现当地华语虽然与我国汉语同根同源，但是在词汇运用上具有明显的区域特色。2022年11月19日，马来西亚举行了第15届国会大选，马来西亚全体民众密切关注，相关报道甚多。下面我们以国会大选前后华文报刊的相关报道为例，试分析在此期间华语词汇运用的四个主要特点。

一、君主类词语现实沿用

　　根据1957年制定的《马来亚联合邦宪法》，马来西亚为君主立宪制国

　　① 作者简介：郭伏良，河北大学国际交流与教育学院教授、博士生导师，马来西亚彭亨大学孔子学院首任中方院长，主要研究方向为汉语词汇学、修辞学、国际中文教育。梁健，河北大学国际交流与教育学院硕士研究生，曾任彭亨大学孔子学院国际中文教育志愿者。

家，沿袭英国政治体制。世界上现今"幸存的王国"大约有27个，马来西亚就是其中之一。因此，在马来西亚华语中，有关君主类的词语仍在社会生活中沿用，并未消亡隐退，如"王宫""国王""陛下""殿下""摄政王""王子""御令""谕令""觐见""御准""入宫"等。而在我国普通话中，这些词语都已属于"历史词语"，只在叙述历史事件或相关小说、影视作品时才出现，但在马来西亚华语中使用至今。例如：

（1）首相拿督斯里安华今日傍晚5时到国家王宫，觐见国家元首苏丹阿都拉陛下。（《星洲日报》，2022年11月29日）

（2）我们相信，凭借苏丹殿下和摄政王的智慧，这个问题可通过我们之间的穆斯林兄弟情谊精神获得解决。（《光华日报》，2022年11月23日）

（3）由于没有一位国会议员掌握下议院简单多数议席以受委为新任首相，国家元首苏丹阿都拉谕令希盟及国盟的党魁入宫觐见。（《星洲日报》，2022年11月22日）

（4）国家元首苏丹阿都拉陛下已御准14项法令，包括禁止国会议员跳槽的2022年联邦宪法（修正）（第3号）法令。（《光华日报》，2022年11月3日）

例（1）中的"国家元首"（亦称"最高元首"）即马来西亚"国王"，尊称为"陛下"，任期5年。马来西亚现任最高元首是彭亨州苏丹阿都拉陛下，于2019年1月31日就任。不同于其他国家的世袭君主制，马来西亚是以选举方式从九个州的苏丹中选出最高元首。在我国汉语中，"陛下"是古时对君主的尊称，现在使用较少。

例（2）中的"摄政王"在我国古汉语中一般是指代替年幼、生病或神志不清等不具备执政能力的君主行使领导权的人。马来西亚宪法规定，成为最高元首的苏丹，在其就任最高元首期间，不得兼任原州属的统治者职务，但他可以任命"摄政王"（一般是王子）代其行使州统治者的职务。

例（3）中的"谕令"在马来西亚华语中指君主制度中上级对下级发出命令、指示，也指发布的命令、指示。"谕"在古汉语中的本义为"知晓、明白"，或"使知晓、使明白"，一般用于某个具体的人或某件具体的事。"令"的古字形上部模拟发出号令的木铎，下部模拟受命的人，意思是发号令使有所为。因为命令是由上级发布的，所以"令"引申为必须执行的法令、指令、军令。"觐见"的意思是"谒见；朝见（君主或官职较高的人）"。"觐"，见也。

例（4）中的"御准"，"御"指与君主有关的，如"御赐""御用"；

"准"指准许、恩准。因为我国现在已经没有君主，所以"御准"在现实生活中已不使用。

马来西亚第 15 届国会大选是在 2022 年 11 月 19 日举行，所以我们选择检索了 2022 年 11 月期间与 2021 年 11 月期间君主类词语在马来西亚华文报刊《光华日报》的运用情况，对比分析君主类词语在马来西亚华文报刊中的使用频率是否与时间相关。因为在《光华日报》线上媒体"光华网"检索某个特定君主类词语时，系统每次只能显示 100 篇文章，所以我们采取定量研究的方法，统计分析检索到的 100 篇文章中发表于 2021 年 11 月与 2022 年 11 月的篇章数量。具体数据如表 1 和表 2 所示：

表 1　2021 年 11 月《光华日报》中君主类词语运用情况

词语	王宫	国王	殿下	行宫	入宫	谕令	御准	觐见
2021 年 11 月文章数量	3	2	1	1	3	2	4	2
占比	3.0%	2.0%	1.0%	1.0%	3.0%	2.0%	4.0%	2.0%
平均占比	2.3%							

表 2　2022 年 11 月《光华日报》中君主类词语运用情况

词语	王宫	国王	殿下	行宫	入宫	谕令	御准	觐见
2022 年 11 月文章数量	17	14	15	10	18	13	16	24
占比	17.0%	14.0%	15.0%	10.0%	18.0%	13.0%	16.0%	24.0%
平均占比	15.9%							

由表 1 可知，在马来西亚华文报刊中，君主类词语在 2021 年 11 月使用频率较低，平均占比为 2.3%。由表 2 可知，君主类词语在 2022 年 11 月使用频率较高，平均占比为 15.9%。对比表 1 和表 2 的数据可知，君主类词语在 2022 年 11 月的使用频率为 2021 年 11 月的 6.9 倍。据此可知，君主类词语在马来西亚华文报刊中的使用频率与时间段有关，大选期间君主类词语的使用频率高于日常时期。

二、选举制词语高频出现

2022 年第 15 届国会大选被认为是马来西亚"史上最激烈"的大选。

这届选举创下很多纪录，例如最多参选政党（39 个）、最多候选人（945位）、最多无党籍候选人（108 位），选举宛若"拥挤的战场"。大选前后近一个月时间，马来西亚华文报刊中出现了大量与选举制度相关的词语，如"简单多数""悬峙国会""首投族""反跳槽法""西敏寺制""烈火莫熄""法定声明（SD）""代议士""拜票""谢票"等。例如：

（5）一如所料，大选落幕后由于没有任何政党联盟赢得国会下议院简单多数席位，造成我国首次出现"悬峙国会"的局面。（《星洲日报》，2022 年 11 月 29 日）

（6）虽然第15届全国大选总投票率高达90% 非土著选民支持，但因无法获得首投族和游离马来选民青睐，导致他们在一些混合区上败选，错失获得过半议席单独执政良机。（《中国报》，2022 年 11 月 20 日）

（7）吉兰丹州议会今日通过反跳槽法，这项由吉兰丹州大臣拿督阿末耶谷提出的议案获得所有出席的议员一致通过。（《星洲日报》，2022 年 11 月 27 日）

（8）大马是个实行西敏寺制的国家，不是谁最多议席，就谁有话事权。（《光华日报》，2022 年 11 月 29 日）

（9）24 年前，时任副首相拿督斯里安华入狱，公正党即开启"烈火莫熄"（Reformasi）改革马来西亚的口号。（《光华日报》，2022 年 11 月 25 日）

例（5）中的"简单多数"即"简单多数席制度"，其词义是指在全国所有国会议席中，只要赢得过半议席，就可以简单多数执政。马来西亚国会选举采用的就是"简单多数席制度"。"悬峙国会"是指在议会选举中没有一个政党取得简单多数选票支持的情况。2022 年 11 月 20 日凌晨，马来西亚官方公布的初步选举结果显示，没有单一政党和政党联盟取得国会下议院过半数议席，这也是马来西亚历史上首次出现无一方过半的"悬峙国会"情形。

例（6）中的"首投族"是指首次拥有投票选举权的选民。2022 年马来西亚第15 届大选将投票年龄降为 18 岁，首投族增加了约 600 万名，这在很大程度上影响了此次大选结果。

例（7）中的"反跳槽法"是指禁止国会议员跳槽的法律。马来西亚政府禁止国会议员跳槽的 2022 年联邦宪法（修正）（第 3 号）法令（俗称"反跳槽法令"）于 2022 年 10 月 5 日正式生效。反跳槽法生效后，如果议员在一个所属政党中选后，选择放弃该议席不再成为该党党员，或选择加入另一个政党，就将被视为"跳槽"，其所属议席将被终止，以无效处理。

例（8）中的"西敏寺制"是以英国西敏寺宫的名字命名的，即内阁是国家最高的行政机构，国家首脑为首相，而国王只是国家的虚位元首，礼仪上代表国家。首相和内阁对议会负责。

例（9）中的"烈火莫熄"是马来语"改革"（reformasi）的音译，源自英语"reformation"或荷兰语"reformasie"，这是 1998 年时任马来西亚副首相安华·依布拉欣被革职后，其支持者发动的一次社会运动，被马来西亚华文媒体称为"烈火莫熄"，从此也成为安华参加竞选的标志性口号。

同样以 2021 年 11 月与 2022 年 11 月这两个时间段进行对比，分析选举制词语在马来西亚华文报刊《光华日报》的运用情况。具体数据如表 3 和表 4 所示：

表 3　2021 年 11 月《光华日报》中选举制词语运用情况

词语	简单多数	悬峙国会	首投族	反跳槽法	西敏寺制	烈火莫熄	拜票	谢票
2021 年 11 月文章数量	3	0	2	1	1	2	1	0
占比	3.0%	0	2.0%	1.0%	1.0%	2.0%	1.0%	0
平均占比	1.3%							

表 4　2022 年 11 月《光华日报》中选举制词语运用情况

词语	简单多数	悬峙国会	首投族	反跳槽法	西敏寺制	烈火莫熄	拜票	谢票
2022 年 11 月文章数量	40	47	60	17	11	22	59	33
占比	40.0%	47.0%	60.0%	17.0%	11.0%	22.0%	59.0%	33.0%
平均占比	36.1%							

由表 3 可知，在马来西亚华文报刊词汇中，选举制词语在 2021 年 11 月使用频率较低，平均占比为 1.3%。由表 4 可知，选举制词语在 2022 年 11 月使用频率较高，平均占比为 36.1%。对比表 3 和表 4 的数据可知，选举制词语在 2022 年 11 月的使用频率为 2021 年 11 月的 28 倍。由此可知，马来西亚华文报刊中的选举制词语在大选期间的使用频率远远高于日常时期。

三、褒贬性词语对比明显

此次马来西亚大选各党派竞争激烈，但关照各方利益、实现共同发展成为马来西亚民众的共识。马来西亚国王亦呼吁各派政治人物须"冷静""团结"，以国家利益和民生福祉为重，因而整体氛围较好，民众参与度高。在此期间，华文报刊词汇体现了褒义词运用占优势的特点，政治人物相互指责抨击的贬义词运用较少。

据测查，华文报刊运用的褒义词主要有"稳定""和谐""发展""繁荣""团结""融合""公平""平等"等。例如：

（10）他希望新政府能保持政治稳定，共同解决国家在目前的经济、民生挑战，并创造一个和谐的社会。（《星洲日报》，2022 年 11 月 28 日）

（11）他周五在脸书说，安华出任首相将助我国解决政治纠纷，以便恢复国家政治稳定，以及促进国家发展及繁荣。（《光华日报》，2022 年 11 月 26 日）

（12）他说，目前全国政治局面是前所未有的全新现象，即融合各种力量成立的团结政府，大家各自将政党利益放一旁，以便为人民打造更好的未来。（《光华日报》，2022 年 11 月 27 日）

此次大选过程中，华文报刊出现的贬义词有"抨击""煽动""仇恨""批评""分裂""猖獗""威胁""勾结"等。例如：

（13）行动党政策局主任陈泓绨今日抨击国盟主席丹斯里慕尤丁罔顾国民团结，发表煽动及散播仇恨言论。（《星洲日报》，2022 年 11 月 18 日）

（14）最近，有些内阁成员公开批评政府的决定及政策。加上国盟主席丹斯里慕尤丁宣布国阵是国盟主要敌人，种下分裂种子，然而该党也是政府成员。（《光华日报》，2022 年 10 月 11 日）

（15）安华出任首相，固然为政治不稳定画上句号，然而国内政治呈两极化、种族政治和仇恨政治的猖獗，依然是多元种族社会的威胁。（《星洲日报》，2022 年 11 月 25 日）

检索马来西亚华文报刊《光华日报》，褒贬性词语在 2022 年 11 月的具体运用情况如图 1 所示：

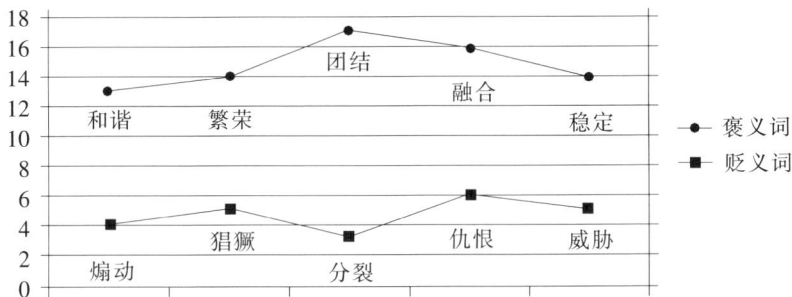

图1　2022年11月《光华日报》中褒贬性词语运用情况

以褒义词"和谐"为例，在《光华日报》线上媒体"光华网"检索包含词语"和谐"的文章，系统限定每次显示100篇，运用定量研究的方法，统计分析检索到的这100篇包含词语"和谐"的文章中发表于2022年11月期间的篇章数量为13篇。运用相同方法，分别检索到包含褒义词"繁荣""团结""融合""稳定"的篇章数量分别为14篇、17篇、16篇和14篇，包含贬义词"煽动""猖獗""分裂""仇恨""威胁"的篇章数量分别为4篇、5篇、3篇、6篇和5篇。如图1所示，在2022年11月期间，马来西亚华文报刊体现出褒义词运用占优势、政治人物相互指责抨击的贬义词运用较少的特点。

由褒贬性词语的运用情况可以发现，此次大选总体上呈现出团结和谐的氛围，特别是与2021年7—8月马来西亚政治风波相比更见此特点。"2021年7月26日至8月16日，随着第14届国会特别会议召开到慕尤丁请辞相位，大马政局处于一次激烈动荡中。在此期间，针对政治领袖特别是国盟政府的批评性话语成为语言方面的显著特色"，"反对态度和贬义色彩两类批评性词语的使用，可以说是此次大马政治危机在语言方面的生动体现，充分表达了各党派特别是反对党的意见和主张，也有利于对联邦宪法的遵循和维护"。①

四、四字格成语言简意赅

成语也是马来西亚华语词汇中的重要组成部分。通过分析此次马来西亚大选报刊词汇中四字格成语的运用情况，我们发现在此期间马来西亚华文报刊词汇体现出言简意赅的特点，议论性和说理性成语使用较多，历史

---

① 郭伏良．大马政局动荡中批评性话语的运用［N］．光华日报，2021－08－20.

故事和神话寓言类成语使用较少。

议论性和说理性成语主要有"众说纷纭""众所周知""迫不及待""无的放矢""三番四次""井井有条""昭然若揭""脱颖而出""势均力敌""岌岌可危""一拍即合"等。例如：

（16）大家普遍认同国内政治需要改革，然而该如何改革，那就众说纷纭。（《星洲日报》，2022年11月3日）

（17）众所周知，国阵主席觊觎首相职，因此他可能委任凯里当部长吗？（《光华日报》，2022年11月15日）

（18）根据《马新社》观察，许多投票中心今早还未正式开放前，一些投票站早已有选民在外排队，迫不及待履行选民义务。（《光华日报》，2022年11月19日）

（19）在第15届全国大选完成投票，大选成绩出炉后，连续5天的僵局的确让人煎熬，也有焦虑者将不安情绪在网上无的放矢，字字惊心。（《星洲日报》，2022年11月26日）

历史故事和神话寓言类成语主要有"守株待兔""天花乱坠""望梅止渴""四面楚歌""发号施令"等。例如：

（20）有选民感叹，看着火箭强将在雪州3个安全区，即白沙罗、蒲种和巴生玩"大风吹"兜来转去，显见行动党在本届大选采取的策略是"转攻为守"，只要寻求立于不败之地，守株待兔国阵和国盟的分散选票，便可取得渔翁之利？（《星洲日报》，2022年11月5日）

（21）选民是不是也有责任主动多去了解一些？这包括所在选区各个候选人的资质、他们的政纲是许个天花乱坠还是中肯务实，选候选人除了政党背景，候选人的自身条件和人品是不是也应该在选民的慎重考量之中？（《星洲日报》，2022年11月11日）

（22）民调成为心理战工具，世界各国都有。主要意图，不外是巩固自身基本盘、强化支持者信心、震慑和动摇对方支持者、影响中间选民靠拢等等。这种心理战就像"望梅止渴"，曹操"善意欺骗"饥渴的士兵，说前方很快就到达梅林，大家必须坚持到底。（《星洲日报》，2022年11月15日）

检索马来西亚华文报刊《光华日报》，四字格成语在2022年11月的具体运用情况如图2所示：

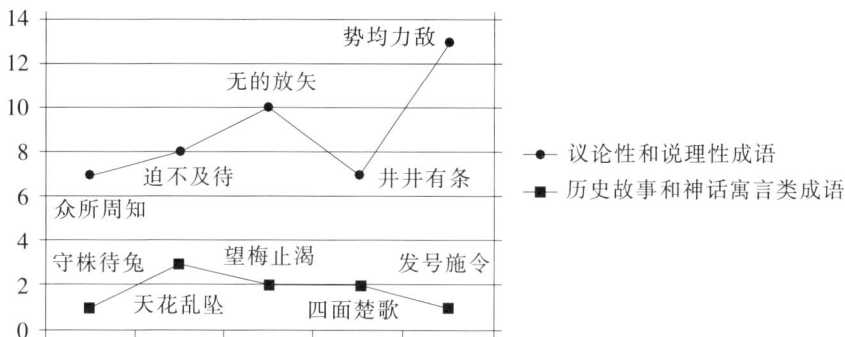

图 2　2022 年 11 月《光华日报》中四字格成语运用情况

由图 2 可知，议论性和说理性四字成语"众所周知""迫不及待""无的放矢""井井有条""势均力敌"在 2022 年 11 月马来西亚华文报刊《光华日报》中的使用频率明显高于历史故事和神话寓言类四字成语"守株待兔""天花乱坠""望梅止渴""四面楚歌""发号施令"的使用频率。由此可以认为，在 2022 年 11 月期间，马来西亚华文报刊词汇体现出议论性和说理性成语使用较多、历史故事和神话寓言类成语使用较少的特点。

议论性和说理性成语使用较多，主要是因为第 15 届大选关乎马来西亚全国民众的日常工作和生活，故能引起全民热议。历史故事和神话寓言类成语使用较少，可能是因为绝大多数历史故事和神话寓言类成语起源于我国古代汉语，马来西亚华人由于迁移时间较长，其后辈对这类成语的来源了解较少，所以使用频率较低。尽管相比于一般词汇，学习成语存在一定的难度，但是成语也是马来西亚华文词汇的重要部分，尤其是书面语中经常会用到，所以马来西亚华文教育应当重视成语教学，使马来西亚华人学子能够了解、掌握更多成语的起源及其深层意义。

五、结语

通过检索分析马来西亚第 15 届全国大选期间主要华文报刊，我们发现在此期间马来西亚华语报刊词汇运用主要有以下四个特点：一是君主类词语现实沿用；二是选举制词语高频出现；三是褒贬性词语对比明显，其中褒义性词语运用占优势；四是四字格成语言简意赅，议论性和说理性成语使用较多。之所以会呈现这些特点，主要是马来西亚的政治体制、选举制度、人民期许及历史文化等国情特点使然。

马来西亚华语虽然与我国汉语同根同源，但在词汇运用上却有其明显的区域特色。探究马来西亚华文报刊词汇运用特色，不仅有助于我们研究马来西亚华语发展脉络，而且有助于加强中马两国的人文交流与互鉴，有助于增进两国人民的相互了解和友谊。

参考文献

1. 刁晏斌. 华语词汇与普通话的"隐性"差异与相关词典的释义问题 [J]. 辞书研究，2021（6）.

2. 刁晏斌. 华语研究方法论的探索与思考 [J]. 华文教学与研究，2022（3）.

3. 符淮青. 现代汉语词汇 [M]. 重排本. 北京：北京大学出版社，2020.

4. 葛本仪. 汉语词汇研究 [M]. 北京：外语教学与研究出版社，2006.

5. 郭伏良. 大马政局动荡中批评性话语的运用 [N]. 光华日报，2021 – 08 – 20.

6. 郭伏良. 新中国成立以来汉语词汇发展变化研究 [M]. 保定：河北大学出版社，2001.

7. 郭熙. 马来西亚：多语言多文化背景下官方语言的推行与华语的拼争 [J]. 暨南学报（哲学社会科学版），2005（3）.

8. 郭熙. 海外华语传承的历史经验与国际中文在地化传播 [J]. 云南师范大学学报（哲学社会科学版），2023（1）.

9. 李宇明. 大华语：全球华人的共同语 [J]. 语言文字应用，2017（1）.

10. 李宇明. 全球华语词典 [Z]. 北京：商务印书馆，2010.

11. 李宇明. 全球华语大词典 [Z]. 北京：商务印书馆，2016.

12. 王晓梅，庄晓龄，汤志祥. 马来西亚华语特有词语词典 [Z]. 吉隆坡：联营出版（马）有限公司，2022.

13. 吴礼权. 现代汉语修辞学 [M]. 上海：复旦大学出版社，2006.

14. 吴礼权. 修辞心理学 [M]. 昆明：云南人民出版社，2002.

15. 中国社会科学院语言研究所词典编辑室. 现代汉语词典 [Z]. 7 版. 北京：商务印书馆，2016.

On the Characteristics of Vocabulary Usage in Malaysian Chinese Newspapers and Periodicals

—Taking the Report of the 15th Malaysian General Election in Mandarin Newspapers as an Example

Guo Fuliang　Liang Jian

(*College of International Exchange and Education*, *Hebei University*, *Baoding*, 071002)

Abstract：Malaysian Mandarin is one of the important parts of global Chinese, and it has the same origin as Chinese in China. The study of its application features will help to explore the global context of Chinese development, and help to compare and analyze the differences between Malaysian Mandarin and Chinese Putonghua in China. Newspapers and periodicals vocabulary comes from daily life and concerns people's livelihood. Malaysian Mandarin newspapers and periodicals are an important language source for observation and analysis of Malaysian Mandarin, and will be the main research object of this paper. The 15th national election in Malaysia has sparked a heated debate among the people, and there have been many related reports. This article will take this as an example to analyze the four characteristics of vocabulary usage in Malaysian Mandarin newspapers and periodicals.

Key words: Malaysia, Mandarin newspapers and periodicals, vocabulary, application characteristics

"脑"的容器隐喻及其所构词语的衍生与变异*

杨文全　沈雪梅①

（西南大学汉语言文献研究所　重庆　400715）

摘　要："脑"参与构造的部分词语在当代汉语中被广泛使用并衍生出新的用法。对含"脑"的词语进行语义和句法上的描写与分析表明，"脑"的容器隐喻是生成含"脑"的一类表达的基础。本文结合隐喻和概念整合理论分析其衍生变异的认知动因，从语言与社会共变的维度考察其语用动因，从而获得对基于"脑"的容器隐喻所构成的相关词语的整体性认知与识解。

关键词："脑"；容器隐喻；认知语义；概念整合；语模

一、引言

"脑"是人体最为重要的器官，支配着人体的一切活动，其重要性在语言中体现为"脑"参与构词造语②的普遍性。除了脑科学领域内针对"脑"的研究而生成的专业术语以外，在日常交际中更是存在大量含"脑"的言语表达。与专业术语不同，由"脑"作为主要成分构成的流行语极少为词典收录，但它们的通行范围较广，使用频度高，作为活的语料流行于口语交际中，是人们认知思维成果的重要载体，也是社会生活各方面变化的重要反映。

由"脑"构成的流行语，可按照语义生成路径与认知类型的不同进行归类，具体如表 1 所示：

---

* 本文受教育部人文社会科学研究基金规划项目"当代汉语'汉外融合词'的族群化衍生路径与形成机制研究"（项目编号：19XJA74009）资助。

① 作者简介：杨文全，西南大学汉语言文献研究所教授，语言学及应用语言学专业博士生导师和博士后导师，主要研究方向为现当代汉语词汇语法。沈雪梅，西南大学汉语言文献研究所语言学及应用语言学专业硕士研究生，主要研究方向为现代汉语词汇语法。

② 本文的研究对象为"脑"的容器隐喻所构成的"词语"，即词和短语（包括结构凝固和结构相对松散的短语），是一个比较宽泛的概念。

表 1 "脑"所构成词语的生成路径与认知基础①

生成路径	认知基础	词语（示例）
A. 脑＞物＞人	a. 容器隐喻	CP脑、感性脑、工作脑、金鱼脑、理性脑、恋爱脑、恋床脑、逻辑脑、脑补帝、脑补狂、脑袋、脑洞、脑瓜儿、脑海、脑回路、脑际、脑壳、脑门儿、脑容量、脑汁、朋友脑、入脑入心、社交脑、事业脑、学术脑、学习脑、艺术脑、游戏脑（28个）
	b. 容器兼特征隐喻	"大脑打铁，小脑养鱼"、大脑死机/宕机、绞尽脑汁、脑补、脑袋搬家、脑袋被驴踢/门挤/门夹了、脑袋滑丝、脑袋有包、脑洞大开、脑嗨、脑回路清奇、脑积水、脑满肠肥、脑子短路、脑子烧坏了、脑子生锈/秀逗了、脑子里装的是豆腐渣/糨糊/水/石头、脑子进水、脑子开瓢/开窍、脑子一根筋/一片空白/一团糨糊/一团乱麻、脑子有坑/有泡、烧脑、头脑风暴、武装头脑、洗脑（37个）
B. 脑＞性状或特征＞人	c. 性状和特征隐喻	巴头探脑、笨头笨脑、呆头呆脑、费脑、废脑、狗头狗脑、鬼头鬼脑、虎头虎脑、倔头倔脑、老脑筋、愣头愣脑、没头没脑、"脑残"、脑筋急转弯、脑子发昏、脑子活络、脑子僵化、脑子灵光、脑子退化、脑子一热、脑子转不过弯、劈头盖脑、傻头傻脑、伤脑筋、死脑筋、缩头缩脑、探头探脑、头大无脑、头脑冷静/清醒、虚头巴脑、蔫头耷脑、摇头晃脑、油头滑脑、榆木脑袋、贼头鼠脑、贼头贼脑、猪脑子（38个）
	d. 概念转喻	借脑、脑库、首脑（3个）
C. 脑＞物	e. 本体隐喻	桉树脑、薄荷脑、电脑、豆腐脑、脑儿、脑概念、脑机接口、脑筋、脑科学、脑力、脑文本、脑子、盘中之脑/缸中之脑、田头地础、樟脑、针头线脑（17个）

　　基于不同的认知，"脑"所构成的词语，其生成路径大致可以分为三类：第一类是基于"脑"的认知经验，说明人脑的内在性质，进而表征

---

　　① 表中或文中出现的词语，有词典释义的均标明出处，未被词典收录的词语，释义均参考百度百科。对于部分比较陌生或不易理解的词语，可参看其简要释义，见附录。

"人"的状态，主要表现为将"脑"看作容器来建构词语（见 Aa & Ab）；第二类是按其形状、特征、动作等隐喻认知，形成对"人"的特征、活动、智力的说明，或指称人（见 Bc & Bd）；第三类是基于本体隐喻的角度，直接用"脑"的本义或引申义，表示其构成之"物"的本体及相关抽象概念（见 Ce）。

其中，将"脑"看作容器并根据"脑"的容器特性以及"内容"的不同衍生出的系列词语和表达，数量比较多，口语性较强，呈现出模式化衍生的特点。且由容器隐喻的"脑"构成的较为流行的表达，其语义生成过程最为复杂，语义比较隐晦，并在高频使用中衍生出相关变体，呈现出语义及功能的变异。鉴于此，对"脑"的容器隐喻构成的词语进行的动因和机制方面的阐释，对由其他路径生成的词语或表达同样具有普遍适用性，因而其背后的生成动因与衍生机制值得深入探讨。

于芳对"脑"的容器隐喻现象有过较为细致的分析，将"脑是容器"的隐喻放在结构隐喻和实体隐喻之下进行探讨，并对"脑"词群的隐喻认知方式进行了来源上的考察。[①] 但文章的关注点在于"脑"词群隐喻认知模式的英汉对比研究，对容器隐喻的"脑"所构词语的衍生路径与生成理据的分析还不够深入，且伴随着"恋爱脑""脑补""脑洞""脑洞大开""脑概念""脑回路""脑回路清奇""脑科学""脑文本""脑子短路""社交脑""事业脑"等大量新表达形式的出现，"脑"所构词语的衍生情况、内部差异与互动联系等需要进一步深入考察。因此，本文将从隐喻认知、概念整合理论等认知语义维度出发，以"脑"的容器隐喻所构词语为主要研究对象，对其进行句法、语义和功能等方面的细致描写与分析，进而探究诱发这些词语或表达形式的语义衍生与功能转化的认知动因及语用动因。

本文的语料来自词典、BCC 语料库、融媒体及其他网络平台，如Google、百度、电子期刊等。

二、"脑"的容器隐喻及其所构词语的语义和句法功能分析

《现代汉语词典》第 7 版（以下简称《现汉》）收录"脑"的 5 个义项：① 名 动物中枢神经的主要部分，位于头部。人脑管全身知觉、运动和思维、记忆等活动，由大脑、小脑和脑干等部分构成。② 头。③ 名 脑

---

① 于芳. 汉英"脑"词群隐喻认知对比研究［D］. 上海：上海外国语大学，2013.

筋。④指从物体中提炼出的精华部分。⑤事物剩下的零碎部分；田地的边角地方。① 其中，"动物中枢神经的主要部分"是"脑"的本义，在此基础之上衍生出其他义项。"脑"表示神经存在于头之中，"神经"相当于容器"头"的内容。同时，神经也可以包含更微小的细胞，也和头一样具有容器特征。因而，"脑子""脑袋"同"大脑"以及方言版的"脑壳""脑瓜儿"，在日常交际中常替换使用而不影响语义识解。"袋""壳"和"瓜"本身具有［＋容器］的语义特征，属三维空间概念，可视为"脑"的容器隐喻标记。张敏指出："容器隐喻的形成来源于基于容器概念向更为抽象的领域映射。"② 人们根据容器的认知图式去理解脑的信息构建与表达活动，并由此创造出新词新语，且这些词语在形式上存在有无容器标记的区别。因此，本文从是否带标记的角度对基于"脑"的容器隐喻构成的词语或表达形式进行归纳分析，进而考察其语义和句法功能的一般面貌。

（一）带标记的容器"脑"构成的表达

"脑袋""脑壳""脑瓜儿"是"脑"的容器隐喻的显著表现，表明了人们将"脑"看作容器去识解"脑"。同样利用容器标记的心理联想构成的表达还有"脑子开窍""脑子开瓢""脑海""脑际""脑门儿"等。"开窍""开瓢""海""际"和"门"提供了"脑"的容器联想通道。例如"脑海"在《辞源》中的释义为"脑子。中医学认为脑为髓海，故称"③。"脑"同"海"一样是一个广阔的空间，似乎是既可以进入也可以退出其中的宏阔无比的容器。如：

（1）烈士英勇的形象时时涌现在我的脑海中。（《现汉》第 941 页）
（2）这时，慈禧太后强有力的形象便进入我的脑海。（林语堂《吾国吾民》）

与"脑海"同义的"脑际"，和"天际""国际""人际"等词一致，都是含空间概念的词与"际"的联结与洽配。且"脑"作为容器可以盛放内容，因而有"脑容量"表明对容器"脑"盛放内容的计量。又有"脑汁"基于"容器＋内容"的隐喻联想而被创制出来。以上所列举的词语，"容器"或"内容"的标记是其构成要素。

---

① 中国社会科学院语言研究所词典编辑室. 现代汉语词典［Z］. 7 版. 北京：商务印书馆，2016：940－941.
② 张敏. 认知语言学与汉语名词短语［M］. 北京：中国社会科学出版社，1998：98.
③ 何九盈，王宁，董琨. 辞源［Z］. 3 版. 北京：商务印书馆，2018：3391.

"脑是容器"的隐喻将"脑"看作容器，容器因边界而区分出"里""外"概念，因而表"里"/表"外"概念的词可视为容器隐喻的标记。如"进"和"出"可以标记"脑"的容器属性。

（3）出问题的演艺人，仍有脑子进了水的人去盲目吹捧他们。（《文汇报》，2021年9月15日）

（4）怎么才能把蜜雪冰城甜蜜蜜赶出脑子？（豆瓣网，2021年6月29日）

容器标记与名词"脑"的组合凭借较高的使用频率，主要形成以下两种流行表达：

1. 满脑子 + （的/是 +） NP

袁毓林指出，跟"满"相关的表达以容器隐喻为基础。① 如"脑满肠肥"用"脑满"形容人肥头大耳的形象，整体喻义则为"形容不劳而食的人吃得很饱，养得很胖"②。"脑"和标记"满"还可组成"满脑子 + （的/是 +） NP"这一表达结构，用来形容某种思想、观念或印象充斥大脑。如：

（5）当我说出光华村时，满脑子都是西财背后那条小吃街。（《华西都市报》，2021年10月23日）

（6）进入大学后，他迫不及待地把自己满脑子的创意变成现实。（《中国青年报》，2019年7月19日）

这一流行表达通常用来形容脑子的不正常状态。方位词"里"在标记"脑"的容器隐喻上使用频率很高，但"脑子里 + （是 +） NP"可以不含"里"而以"脑子 + NP"的主谓结构形式出现，从而凸显"NP"。只是在语义理解的过程中，实际上是暗含"里"这一方位概念的。如"脑子一片空白"也可以说成"脑子里一片空白"，形容因突然的事故而使脑子瞬间停止思考。如：

（7）我顿时脑子一片空白，感觉所有的记忆全部清空了！（《大江晚

① 袁毓林. 容器隐喻、套件隐喻及相关的语法现象：词语同现限制的认知解释和计算分析[J]. 中国语文，2004（3）：14.

② 中国社会科学院语言研究所词典编辑室. 现代汉语词典［Z］. 7版. 北京：商务印书馆，2016：941.

报》，2021 年 3 月 22 日）

（8）她夺得冠军的时候，我脑子里一片空白，整个人是蒙的。（《文汇报》，2021 年 7 月 25 日）

2. 脑子（里）+（是+）NP

另有"脑子（里）一根筋"形容人固执、不妥协；"脑子（里）一团糨糊"和"脑子（里）一团乱麻"形容人的思维不清、混乱无序。标记词"里"可有可无。如：

（9）寒武纪 CEO 陈天石在接受媒体采访时也曾表示："做芯片要脑子一根筋，要耐得住寂寞，顶得住诱惑，捂得紧口袋，扛得住批评。"（东方网，2020 年 6 月 2 日）

（10）他们面面相觑，陈某更是紧张得大气不敢喘，脑子一团糨糊，机械地跟随交警指挥，靠边停下，打开车窗。（《光明日报》，2020 年 11 月 21 日）

（11）脑子里面一团乱麻，睡不着，心情久久不能平复。（百度知道，2022 年 4 月 16 日）

在人们的认知里，脑子是思想、创意、智慧的生产之地，应该是清晰的、灵动的、重要的。相反，如果说容器"脑"里面没有这些内容，人就可能做出令人难以理解的行为。因此，在口语里，人们还用"脑子（里）+（是+）NP"的形式来建构批评话语，批评的感情色彩由"NP"与创意、智慧等内容相比时显示出的语义特征来决定，且常用"全"和"装"等来强化容器隐喻的标记作用。如"NP"是"豆渣"或"糨糊"时，形容人的愚蠢。如：

（12）邱莹莹简直太笨了，樊胜美都被她给气炸了，脑子里全是豆腐渣！（新浪网，2020 年 6 月 18 日）

（13）这老板的脑子里装的是糨糊吗？这样做生意肯定要赔。（搜狐网，2018 年 6 月 24 日）

和创意、智慧等内容相比，"豆渣"是废物，含有［＋无用］的语义特征，形容人缺乏足够的思考能力；"糨糊"含有［＋浓稠混沌］的语义特征，形容人的思维混乱，粘连而不舒展。上述两句所含的这些表达虽然通常带有调侃或批评的意味，但是侮辱、批评的色彩并不十分浓烈，有时甚至可以作为家人或朋友之间的玩笑话。

（二）不带标记的容器"脑"构成的表达

"脑"以名词性语素身份参与构成的不带容器标记的常用表达，以双音节和三音节的复合词居多，"脑"的容器角色参与作用则主要通过语义和结构的分析推断出来。这类词语往往涉及不同语义域之间的互动，并在类推衍生中发生词义和功能的变异，极富生命力，按照语义结构的不同表现，大致可以分为以下三类：

1. 容器 +（内容）

含"脑"的这类词语主要基于"容器"的语义联想生成。从语言结构形式来看，一般"容器"在前，"内容"在后，且部分"内容"所指也需经过推理得知。如"脑洞""头脑风暴""大脑打铁，小脑养鱼"等遵循"容器+内容"的语义结构，"内容"的语义隐喻化；"脑补""洗脑""脑嗨""金鱼脑""武装头脑"等则更为凸显有关"容器"的受动角色或容纳作用。为了更清晰地展现这类流行表达的语义和功能方面的特点，现以流行程度比较高的"脑补""脑洞"和"洗脑"为例来进行说明。

"脑补"，即"脑内补充"的缩略形式，起初是 ACGN[①] 领域的用语，后应用于各领域，词义随之扩大，现指在头脑中对漫画、小说以及现实里自己希望而没有发生的情节进行幻想，一般在句中作谓语。如：

（14）相信很多人都已经忍不住脑补各项竞技赛的激烈博弈，以及自己心仪运动员的勇武风姿。（《江南时报》，2021 年 7 月 20 日）

（15）选了左，难免会自疑，倘若去了右，会不会更精彩？选了右，多半也会脑补出左边可能风景更好的画面。（《文汇报》，2020 年 12 月 9 日）

在网络语言中，也有"脑补王""脑补帝""脑补狂"等"脑补"作定语修饰名词中心语的拓展用法，指特别擅长在脑中按照自己的意愿对情节进行补充幻想的人。如：

（16）这是影评，但我想谈谈我自己的经历，我就是电影中的脑补王。（豆瓣电影，2014 年 1 月 19 日）

（17）妄想无罪！二次元中那些渴求自我满足的脑补帝。（游侠网，

---

① ACGN 为英文 Animation（动画）、Comic（漫画）、Game（游戏）、Novel（小说）的合并缩写。

2013 年 11 月 27 日）

（18）穿书开启超前点播，一个"吐槽狂"一个"脑补狂"，师徒二人堪称绝配。（百度新闻，2020 年 10 月 1 日）

"脑洞"和"脑补"联系紧密，"脑洞"一开始出现在"脑洞大开"中，可理解为"脑补"的场所，用来盛放各种奇思妙想。"脑洞大开"是《咬文嚼字》编辑部 2015 年公布的十大流行语之一，"脑洞大开"或其变异形式"大开脑洞"喻指充分发挥想象力，在句中可充当谓语，或作定语修饰名词中心语，形容天马行空的想象力。如：

（19）《了不起的狐狸爸爸》情节推进总是让人脑洞大开；而《豆蔻镇的居民和强盗》重在虚幻世界的设置。（《中国教育报》，2021 年 8 月 18 日）

（20）随着互联网的流行，很多人还发现，近年来大火的网文，遍地都是老爷子早就用烂的梗，不得不让人佩服金庸先生在几十年前就大开脑洞。（《光明日报》，2021 年 9 月 7 日）

（21）结合科技、历史、教育、运动、神话等题材，该片通过引人入胜的故事情节，各种脑洞大开的奇思妙想，吸引儿童注意力。（中国网，2021 年 9 月 30 日）

"脑洞"和"开"或"大"之间的结合并不紧密，"脑洞"可以从"脑洞大开"中抽离出来单独使用，表示天马行空的想象；该词在句中经常充当主语和宾语的句法成分，也可以作定语和其他成分构成定中结构的搭配关系。如：

（22）乍听起来，"今日油条"抖得一手好机灵，起名者的创意和脑洞也让人折服。（《大江晚报》，2020 年 10 月 17 日）

（23）回力 DESIGN 带你解锁脑洞世界，全力释放想象力，触达无界限生活的更多可能。（《上海证券报》，2021 年 11 月 5 日）

"洗脑"在《全球华语大词典》中的释义为："通过强制灌输某种思想观念来改变某人原有的思想观念。"① 杨文全、王刚认为，"洗脑"一词的语义是不同于其字面义的整体喻义。② "洗"的对象是"脑"的内容，

---

① 李宇明. 全球华语大词典［Z］. 北京：商务印书馆，2016：1640.
② 杨文全，王刚. "洗脑"及其他［J］. 语文建设，2004（12）：42－43.

包括思想、情感、观念等。"洗脑"为动词，一般在句中作谓语。如：

（24）崔铁军发现静怡被黄有发洗脑利用，她是否知法犯法？（《江南时报》，2020年6月20日）

有时也具有形容词性，可作定语修饰名词中心语，或受程度副词"超""特别"等的修饰。

（25）自6月发布以来，蜜雪冰城主题曲成为全网"洗脑神曲"。（《新京报》，2021年6月30日）

（26）超洗脑！中山公安原创神曲"魔性"十足，不信你还会被骗！（《南方日报》，2021年7月26日）

（27）一到过年，商场超市就开始单曲循环这首新年神曲《恭喜恭喜》，听上去喜气洋洋，又特别洗脑。（《北京青年报》，2021年9月6日）

"洗脑"一词的流行程度可从它对英语的影响上窥见一斑。英语根据汉语"洗脑"造出了单词"brainwash"，并被权威词典普遍收录。如《牛津高阶英汉双解词典》第9版释之为：to force sb. to accept your ideas or beliefs, for example by repeating the same thing many times or by preventing the person from thinking clearly（给某人洗脑，强制说服）。① 如：

（28）It will then be difficult for separatist and extremist forces to brainwash people（这样，分裂主义和极端主义势力就很难给人们洗脑）. （*China Daily*，2021 - 08 - 31）

2. 内容 + 容器

"内容"和"脑"的搭配，构成"CP脑""恋爱脑""恋床脑""事业脑""游戏脑""朋友脑"这类定中式的体词性表达，这些词语在互联网世界中的流行程度都比较高。从字面上不难理解它们的意义，即脑子里面装的是"CP""恋爱""恋床""事业""游戏""朋友"。其中尤以"恋爱脑"的用例最为常见且功能多变。"恋爱脑"从结构上看是定中结构的合成词，指一种恋爱至上的思维模式：一旦开始恋爱，就把全部的心思和精

---

① 霍恩比. 牛津高阶英汉双解词典［Z］. 李旭影，等译.9版. 北京：商务印书馆，2018：244.

力放在恋人和维系恋情上。如：

（29）因此，要想推动女性题材影视作品真正落地生根，不能只有霸道总裁的<u>恋爱脑</u>、打怪升级的女英雄。（光明网，2021年3月30日）

"恋爱脑"进而转指具有这一思维模式的人。如：

（30）上了头的"<u>恋爱脑们</u>"，该想着去收获一段理想的爱情了。（搜狐网，2020年9月27日）

"恋爱脑"含有［＋痴迷恋爱］［＋缺乏理智］的语义特征，被配置在形容词的句法格局中而具有了形容词的性质和功能，可受副词修饰，或在句中充当谓语，或作定语修饰中心语。如：

（31）如果说森 Sir 还勉强称得上是主线查案和感情线双向奔赴，那么 Nic Sir 就被写得过于<u>恋爱脑</u>了：80%的戏份在追女仔，剩下20%的戏份在和森 Sir 吵架。（《中国青年报》，2021年5月10日）

（32）更难得的是，这部恋爱剧中的角色<u>并不</u>"<u>恋爱脑</u>"。（《羊城晚报》，2021年4月2日）

（33）一桩离奇命案，把一个<u>恋爱脑</u>的多情大小姐和一个清冷傲娇的小俏婢送到了他的面前。（东方网，2019年5月31日）

在"内容＋容器"的隐喻结构之下，还有"工作脑""社交脑""学术脑""艺术脑""逻辑脑""学习脑"等系列表达。但相较于"恋爱脑""事业脑""朋友脑"等词中"恋爱""事业""朋友"是容器"脑"的全部内容，存在于"社交脑""学术脑""艺术脑"这类表达中的"社交""学术""艺术"等只是容器"脑"的部分内容。这类表达主要用于指明"脑"的功能分区，其内部语义暗含［被管控对象＋管控者］的特征，即字面义可以理解为管控"社交""学术""学习""艺术""逻辑"等人类思维和活动的容器是"脑"（施动者），因而可以用来说明影响人们从事各种活动的思维模式和思维特征。

3. "脑"是机器

"脑"的容器隐喻可以进一步引申出"脑是机器"的隐喻。"机器"也可看作容器，驱动机器运作的零件和电路是其内容，机器的正常运转需要内容支撑。就机器而言，有正常的使用，也有"生锈"和"死机"，或者内部螺丝"滑丝"导致机器运行功能的退化或停摆，投射到"脑"这一容器上，衍生出"脑子生锈""脑袋滑丝""大脑死（宕）机"等主谓结构的口语性表达，用以形容思维的迟钝或中断。如：

（34）平时我逼着自己多看多想，看年轻人爱看的流行书。有时人名记不起来，我就反复地想，直到想出为止，不让自己脑子生锈。（《文汇报》，2003 年 12 月 29 日）

（35）乔祖望虽然混，但脑袋没完全滑丝，他找曲阿英并不是因为他渴望一个女人，而是他需要有一个人陪在身边照顾他。（腾讯网，2021 年 9 月 25 日）

（36）如果大脑"宕机"的人，对自己"发呆"的时候在做什么、想什么都完全没有印象，别人叫他也没有反应，那么这种"宕机"很有可能就是脑电波异常导致的！（凤凰卫视，2020 年 6 月 5 日）

"脑"这一容器被人们想象成机器中的电器，而形成"脑回路""烧脑""脑子短路""脑子烧坏"等较为流行的表达。除"回路"指闭合电路而常与电器名组配以外，"短路"以及物理概念的"烧坏"，搭配对象一般为电路和电器名。如电饭锅因为短路而无法使用，可用"电饭锅短路"和"电饭锅的线路短路"表示，即"容器"和"内容"都可以和"短路"组合来表示相同概念。"脑子短路""脑子烧坏"中的"脑子"能换用为含容器标记的"脑袋"，因而这些表达也可以视为基于"脑"的容器隐喻联想而产出的。

"脑回路"是名词，喻指人的思维，在句中一般充当主语和宾语，且常与形容词"清奇"搭配，形容人思维的奇特。如：

（37）西方总有一些人，"脑回路"清奇得出奇：明明是不存在的东西，他们却能无中生有并煞有介事地大肆鼓吹，令人不得不"佩服"他们"厚黑"的本领。（新华网，2021 年 2 月 22 日）

（38）都说天才的脑回路清奇，这下知道原因了。（搜狐网，2019 年 11 月 13 日）

另外，人们也根据电流流经电路的距离和状态去形容人思维的过程，用"快""慢""长""短""短路"等和"脑回路"组合去创造新奇的表达。如：

（39）小编脑回路有点慢，请大家自由发挥。（中国新闻网，2018年11月26日）

（40）其实从杨迪的这个乌龙来看，可能是他脑回路太长，所以才出现这种理解偏差的问题吧。（网易新闻，2021年3月14日）

（41）可什么时候会冷不丁冒出一个毫无安全意识、生活常识、公共道德，甚至脑回路短路的乘客，做出有害公共安全的蠢事，谁也说不清楚。（《中国青年报》，2019年7月17日）

"短路"同"回路"一样，也是物理学概念。"短路"指电路中电势不同的两点直接碰接或被阻抗（或电阻）非常小的导体接通时的情况。发生短路时电流很大，往往损害电气设备或引起火灾。[①]"脑子短路"则多用来形容"思维突然中断了"或"一时想不起来了"。如：

（42）这种片刻走神，专业术语称作"适应不良性的大脑活动变化"，用大白话说就是"脑子短路"。（《文摘报》，2016年3月31日）

"脑"和"短路"之间主谓结构的结合并不是很紧密，中间一般可以添加其他成分。如：

（43）如果考生不事先进行准备的话，仍然可能会发生脑子暂时性短路以及表达不流利等问题。（《环球时报》，2015年8月7日）

"烧脑"指充分调动储备的知识进行大量思考。"烧脑"一词借用了电器使用的概念，即电流过大，电器就烧坏了。由物及人，用脑过度，脑子就烧坏了。"烧脑"一般当形容词使用，在句中作谓语和定语，并受"太""很""非常"等程度副词修饰。

（44）两件事情联系起来，怎么理解，真的很烧脑。（《证券时报》，2020年5月22日）

（45）不同于贺岁档的其他大片，这是一部包含了众多科学元素的烧脑大片，引发公众的热烈讨论。（《光明日报》，2019年2月21日）

（46）很多人都会觉得我们的工作就是吃喝玩乐，但其实这是一份非

---

① 中国社会科学院语言研究所词典编辑室.现代汉语词典［Z］.7版.北京：商务印书馆，2016：326.

常烧脑的工作，有时候甚至一个标题都会斟酌许久。（《羊城晚报》，2021年7月22日）

由"烧脑"引申出"脑子烧坏了"的变体形式，用大脑的罢工状态形容人的糊涂和不明智。如：

（47）"我要治理西沙窝。"当2005年张宝军提出治沙的想法时，别说企业的干部职工，就连家人，都认为他脑子烧坏了。（《人民日报》，2015年6月13日）

三、"脑"的容器隐喻及其所构词语的认知语义生成

前文对含"脑"的一类汉语表达的句法、语义进行了分析，指出了其背后"脑"的容器隐喻基础。接下来将进一步从隐喻认知、概念整合等理论视角探讨推动这类汉语流行语衍生、变异的认知动因。

（一）隐喻认知

莱考夫和约翰逊在《我们赖以生存的隐喻》一书中指出，隐喻的本质就是通过另一种事物来理解和体验当前的事物。[①] 对不从事医学和生物学领域研究的普通大众而言，脑内神经系统的运作是极其复杂的、陌生的，但在日常生活中人们又须臾不能离开它，因而显得十分重要。人们"近取诸身，远取诸物"，根据自身体验将"脑"看成一个封闭性的容器，借助容器的结构特征描述"脑"的各种状况，并用日常生活中相似的、具体的、简单的事物去把握思维、神经、观念等"脑"这一容器的抽象内容。因此，可以说，"脑是容器"的隐喻及其背后所涉及的庞大意义网络，是建立在人们的身体经验基础之上的。源域的容器意象图式结构，包括内部、外部、边缘等各种显著特征被系统映射到"脑"这一领域，成为目标域结构的一部分。

"脑"的容器隐喻所构词语，包括带容器标记的固定表达："满脑子 +（的/是 +）NP"和"脑子（里）+（是 +）NP"等；不带标记的词，如"脑洞""脑补""脑回路""烧脑""游戏脑""恋爱脑"，以及短语"脑子生锈""脑子短路""脑子开窍""脑回路短路""脑回路清奇"等，都

---

① 莱考夫，约翰逊 . 我们赖以生存的隐喻 ［M］. 何文忠，译 . 杭州：浙江大学出版社，2015：3.

是基于"脑"与"容器"语义域之间的互动而创造出来的，共同构成了一个隐喻网络。

经由外物去认识"脑"而创造出的词语，其语义的生成一方面是"脑"的容器隐喻表义的结果，另一方面也离不开其他成分对整体语义的建构。同"脑"组配的成分大多数是隐喻化书写，主要表现在用具体的形象去呈现较为抽象的概念，是构成成分之间跨域组合的产物。杨扬、杨文全指出："专业用语的跨域使用已经成为语言发展中的一种普遍现象，实际上是对原语域中常规语场的违反，同时打破了语域的预测性，从而获得一种新奇、幽默的表达效果。"① "脑回路""烧脑"或"脑子短路"等流行语是在"脑是容器"隐喻的基础之上，糅合物理学的有关概念，嵌套"脑是机器"的隐喻创造出来的。大脑和机器之间的相似性首先在于都是盛放有"内容"的"容器"，"脑"的"内容"是神经系统，机器包含的"内容"为零部件或电路；其次在于"内容"的功能相似：神经系统传输信息又加工信息，电路传输电流带动零件维持机器的运转；最后在于形状相似：神经与电路都可能是迂回曲折、互相缠绕的。因此，人们基于相似性联想，借用从日常生活中获得的有关"机器"的经验去描述大脑神经的运作过程与方式。在容器隐喻的基础上，源域"机器"的特征映射到目标域"脑"的运行上，最后产生了隐喻意义。

(二) 概念整合

概念隐喻理论认为映射发生在两个不同领域之间，而概念整合理论则认为隐喻的理解过程至少涉及四个心理空间的互动，心理空间可以用来模拟隐喻理解过程中各因素在思维和语言中的动态投射。在隐喻意义的创生过程中，两个输入空间共有的相似结构被投射到类属空间，并将各自的元素部分投射到合成空间，输入空间和类属空间都为合成空间提供输入信息。合成空间对输入信息进行整合加工，进而产生新的组合和新的意义。②

基于"脑"的容器隐喻所创制的词语，借由概念整合理论进行模拟心理表征的跨空间投射，更有利于解释其心理加工和意义构建的过程。现分别以"洗脑"和"脑回路"的概念整合网络图示为例，借以分析基于"脑"的容器隐喻构成的相关词语的隐喻意义建构过程。

---

① 杨扬，杨文全. 试论新兴疾病名称的规范 [J]. 语言文字应用，2016 (2)：9.

② FAUCONNIER G，TURNER M. Conceptual integration networks [J]. Cognitive science，1998 (2).

容器
方式
工具
结果

Generic Space
类属空间

容器
洗
水或清洁剂
变干净

脑
灌输
思想观念
原有观念改变

Input Ⅰ
输入空间 1

Input Ⅱ
输入空间 2

洗脑：通过强制
灌输改变原有思
想观念

Blending Space
合成空间

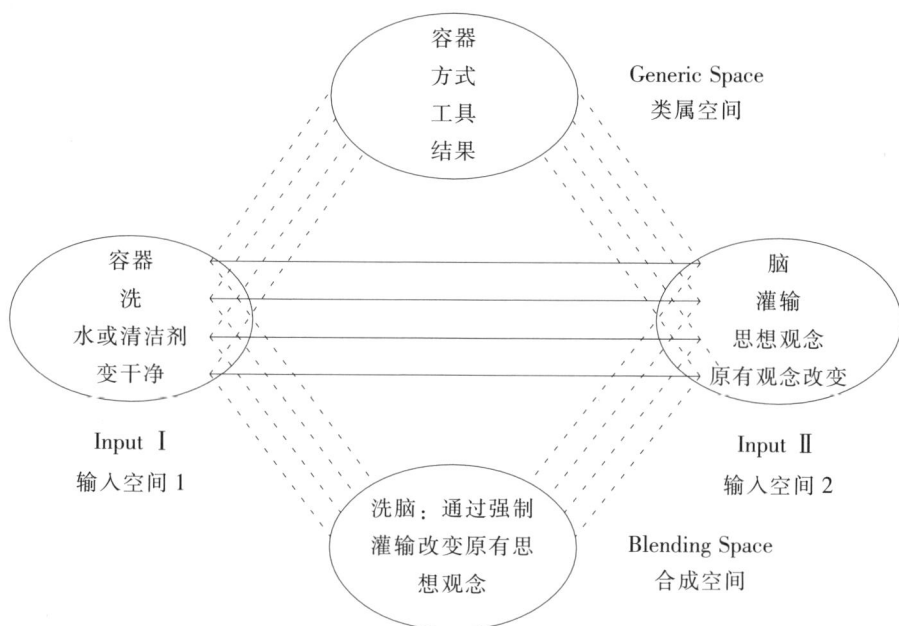

图 1 "洗脑"的概念整合网络

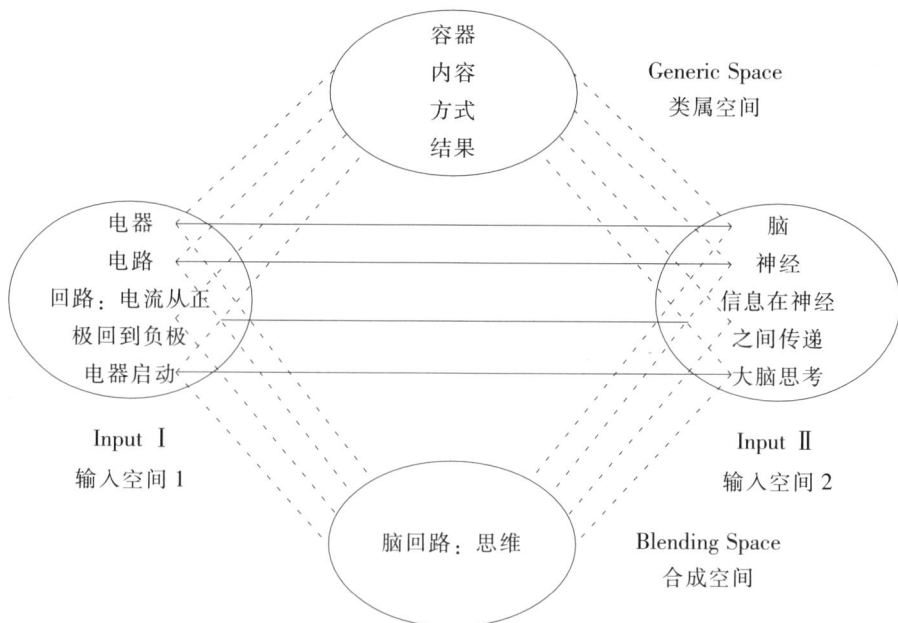

容器
内容
方式
结果

Generic Space
类属空间

电器
电路
回路：电流从正
极回到负极
电器启动

脑
神经
信息在神经
之间传递
大脑思考

Input Ⅰ
输入空间 1

Input Ⅱ
输入空间 2

脑回路：思维

Blending Space
合成空间

图 2 "脑回路"的概念整合网络

如图 1 所示，四个心理空间都含有独具特色的意义结构。输入空间 1 即源域中的相关概念组成的结构关系包含"用水或清洁剂洗容器使之变干净"；在目标域"脑"的心理空间中，相关概念组成"用灌输思想观念的方式使原有思想观念发生改变"的意义结构；在更为抽象的类属空间中，涉及的相关概念有"容器""方式""工具""结果"；最后形成的心理空间是以上三个心理空间的结构在其中建立联系并合成概念的场所，即"洗"的对象变成"脑"，从而构成"洗脑"一词，用以表示"通过强制灌输改变原有思想观念"的隐喻意义。

如图 2 所示，输入空间 1 中电器与电路是容器和内容的关系，电器启动的条件是一个回路，即电流要从正极出发最后回到负极；输入空间 2 中大脑思考并最终作出反应的过程和电器工作的基本原理相似；类属空间是两个输入空间的上位概念，包含"容器""内容""方式""结果"等概念。三个心理空间的特征在合成空间中得以体现，生成新的组合形式"脑回路"，用以指称"思维"。

由"脑"作为主要成分参与构成的表达，在口语中有相当一部分是表示批评和辱骂的，如围绕"脑是容器"的隐喻生成的"脑子（里）+（是＋）NP"以及"脑袋被驴踢了""脑袋被门挤了""脑子有坑""脑子有泡""脑子生锈""脑子短路""脑子进水""脑子烧坏了"等"脑"受外力挤压、冲击而变形或内部受损的言语表达形式。这类表达批评性和贬抑性语义的生成，究其原因，主要在于借隐喻用大脑的受损状态表明人一时的愚蠢或糊涂。其语义建构的路径表现为"脑＞物＞人"，即语义的生成是糅合了不同心理空间概念及概念结构的结果，由其他隐喻路径构成的"脑子转不过弯""脑筋急转弯"等常用表达也体现出这样的语义生成过程。并且，这类批评性和贬抑性话语还有更为简单的建构方式，即直接用"脑"的不健康状态呈现对人的批评或者辱骂。如医学领域的"脑积水""脑残""脑子发昏""头脑发昏"等词语丢失或模糊了专业性，而在口语中成为詈语。同经由"脑＞性状或特征＞人"的心理路径生成的贬义表达相比，基于"脑"的容器隐喻而构成的贬义表达，其语义生成的过程则相对更为曲折，但心理基础（"脑"的损坏扭曲＞"人"的非正常状态）是一致的。

四、"脑"的容器隐喻及其相关词语产生和流行的语用动因

陈原指出，语言和社会生活之间是一种"共变"关系。[①] 隐喻认知和

① 陈原. 社会语言学［M］. 上海：学林出版社，1983：5.

概念整合是含"脑"的一类流行语衍生变异和意义理解的基础。此外，社会生活的诸要素，如科技发展、语用心理、言语创新等也是推动"脑"的容器隐喻及其相关词语产生和流行的重要力量。

（一）社会文化推动创新性和经济性表达的产生与功能转化

社会的变化引起语言的变化，语言反映着社会生活中的人物、事件、观念和现象。社会文化对"脑"的容器隐喻表达产生的影响主要体现在对创新性和经济性的追求上。首先，创新意味着摆脱语言常理的限制，冲破常规的束缚。"脑子里装的是糨糊""脑子进水""恋爱脑""脑洞""脑回路"等系列超常搭配，颠覆客观与主观、抽象与具体、科学与娱乐的界限，创造出"雅俗共赏"的词和短语。在追求创新的社会文化大背景下，语言的跨域使用成为常态。无论是将"脑"看作容器来组配词语，还是借助"电路"的概念来解释神经系统，或是将 ACGN 领域的用语用于社会生活的各个领域，其背后都存在创新意识的推动作用。其次，对经济性的追求体现在语言上，表现为新词新语的模式化产出。如按照"内容＋容器"的语义结构模式而推出"游戏脑""恋爱脑""恋床脑""工作脑""社交脑"等词语，呈现出一种词语模现象。词语模指具有新造词语功能的各种框架。① 周荐进一步提出"语模"的概念，认为"语模是用来构造熟语的架构"，用语模构成新短语，是一种临时性的语汇现象。② 如"脑子被驴踢/门挤/门夹了""脑子里是糨糊/豆渣/水/石头"等短语形式，则是分别基于"脑子被＋NP＋VP"和"脑子里是＋NP"的"语模"架构"框填"出的贬义性表达。语言的经济性要求还表现为寻求用最小的认知努力显示最大限度的信息量。由"脑"的容器隐喻构成的词语，如"脑汁""脑补""脑洞""脑回路"等，可看作相关短语的缩略形式，在意义理解和重构过程中，隐含的容器标记"里"随之浮现。同时，这些词功能的扩展也是语言经济性要求的结果。在句中使用的往往是这些词的隐喻义而不是直接根据结构推导出来的字面义，因为在语言经济性要求的促动下，为适用于更多的语境，其深层语义要素会被激活。如"恋爱脑"不完全是字面意义上所指的"脑"的类别，而是喻指一种爱情至上的思维，其［＋痴迷恋爱］［＋缺乏理智］的动词性和形容词性语义特征会在不同语境中凸显，从而可以为否定副词和程度副词所修饰，在句中充当谓语。

① 李宇明．语法研究录［M］．北京：商务印书馆，2002：1－2．
② 周荐．"语模"造语浅说［J］．语文研究，2008（1）：4．

（二）媒体传播推动创新性表达的跨领域扩散

　　基于"脑"的容器隐喻所构成的相关词语，其跨域使用和流行衍生的重要途径就是媒体。现今，以无线网络技术为支撑的新媒体凭借其容量庞大和交互性等特性成为主要的传播形态。人们通过陌生化路径，基于"脑"的容器隐喻创造出的新组合，凭借强大的语用价值，经由短视频、微博、数字报等媒介为人们所广泛熟知并扩散使用。同时，经媒体语境激活和扩散引起的语义衍生和功能转化，又在无形中增强了这些新兴组合的流通性和生命力。如"脑洞""脑补"首先流行于 ACGN 领域，进而经由媒体传播扩散至其他领域，在这个过程中出现了语义泛化和功能增值。即"脑补"的对象由小说、动漫中的情节扩展到一切可以幻想补充的情节；"脑洞"则由容器义发展出内容义，喻指奇思妙想，并最后为人民网、新华网之类的主流媒体所使用，成为语用价值极高的词语。

五、结语

　　语言从本质上讲是一个隐喻系统。乔治·莱考夫指出"身体是情绪的容器"①，便是对语言隐喻性的最好注脚。从汉语中含"脑"的词语形成的认知隐喻基础来看，人们通常根据既有概念建立新的联系，形成新的言语搭配形式，去识解容器"脑"的内容及其运作机制。

　　在"脑"的容器隐喻基础之上，从句法结构的角度看，"脑"参与构词造语的能力很强。基于"脑"的容器隐喻构成的词语共 65 个，约占"脑"所构词语的 52.8%，包括带"容器"或"内容"标记的词语 31 个，以及由"容器"和"内容"的变换组配而形成的不带标记的词语 34 个。其中，遵循"内容＋容器"图式构成的定中结构表达，如可用来指称人的"恋爱脑""事业脑""朋友脑""CP 脑"一类，或者指明人脑功能分区的"学习脑""感性脑""逻辑脑"等，连同"满脑子＋（的/是＋）NP"和"脑子（里）＋（是＋）NP"这类可待填充的结构，成为"脑"所构词语中最具特色的部分，其类推衍生的结果表明，基于"脑"的容器隐喻构造词语具有"构式化"倾向。

　　从"脑"的容器隐喻所构词语的语义表达来看，这些词语较高的使用频率使自身在不同的句法配置环境中获得了多样的性质和功能。尤为显著的是，借"脑"及特征隐喻建构而成的贬义表达有 57 个，约占"脑"所

---

① 胡明扬.西方语言学名著选读［M］.3版.北京：中国人民大学出版社，2007：301.

构词语的 46.3%；而在"脑"的容器隐喻所构词语中，40%的词语含有贬义性和否定性的语义特征。

从"脑"的容器隐喻及其相关流行语的语用价值来看，"脑"所构词语呈现出"多语境适配性"和"隐喻具象化"的作用。在社会文化对语言创新性和经济性的追求下创造出的词语在一定时间内极具生命力，因而得以被媒体引用而为越来越多的人所熟知。同时，扩散使用的过程也增强了这类流行语的语用生命力，其语义和功能的变异以及相关变体的引申是搭配对象增多和语境扩展的结果。基于对"脑"的容器隐喻所构词语的语用生命力的分析，我们不难作出推断：在"脑是容器"的隐喻前提下，更多新兴表达的涌现是符合汉语的语言事实和语言发展规律的。

自中古汉语以来的研究表明，"活的语言"一直是学界关注的重点。但可惜的是，到目前为止，现当代汉语在这方面的研究严重不足，成果也不够丰富。而新词新语中的"熟语"是颇具特色的一类词语，应当引起研究者的广泛关注和高度重视。总之，"脑"所构词语是当代汉语中独具特色的一部分，是汉语"鲜活的标本"，对这类词语的研究，在全面揭示当代汉语的真实面貌上具有十分重要的意义和学术价值。

附 录

部分比较陌生或不易理解的词语的简要释义

词语	释义
CP脑	指站在两人为一对情侣的立场上看待两人的关系并思考问题。CP是 couple（夫妻）的缩写，一般用来指称粉丝们想象中的情侣组合
感性脑	指影响人情感的神经系统。左脑掌管着人的理性、逻辑、语言和思维；右脑主管人的情感、直觉、本能以及跟艺术有关的绘画、音乐、舞蹈等
工作脑	指影响人工作所需相关态度和能力的神经系统
金鱼脑	形容人很健忘。一般认为金鱼只有 10 秒的记忆力
恋爱脑	指一种恋爱至上的思维模式或拥有这种思维模式的人，表现为一旦开始恋爱就把全部的心思和精力放在恋人和维系恋情上

（续上表）

词语	释义
恋床脑	指对床的依恋和爱恋达到了一定程度，每天只想和床待在一起的人
逻辑脑	指影响人理性思考的神经系统
朋友脑	指脑子里"装满"了朋友，凡事把朋友放在第一位，极度重视友谊的人
社交脑	指影响人际交流活动和态度的神经系统
事业脑	指专心于自己的事业、心无他物的人
学习脑	指影响人学习能力的神经系统
学术脑	指影响人学术研究能力的神经系统
艺术脑	指影响人从事艺术活动的神经系统
游戏脑	指因长时间沉迷于电子游戏而大脑发育迟缓，或大脑表现出这种症状的人
大脑打铁，小脑养鱼	形容人不会思考。大脑是用来思考的，不是用来劳作（打铁）的，小脑是用来劳作的，而不是腾出空间来养鱼的
脑嗨	形容自恋性需求在想象层面得到满足，表现为人陷入一种很"嗨"（欢快得意）的状态之中
脑子开瓢	指人的脑袋受到了较大的外伤。开瓢本指把葫芦切开
借脑	比喻引进外部人才
薄荷脑	指从薄荷的叶和茎中提取出来的白色晶体，是薄荷的精华部分
田头地脑	指田地的角落或边缘处

参考文献

1. 陈原. 社会语言学 ［M］. 上海：学林出版社，1983.

2. 何九盈，王宁，董琨. 辞源 ［Z］. 3 版. 北京：商务印书馆，2018.

3. 胡明扬. 西方语言学名著选读 ［M］. 3 版. 北京：中国人民大学出版社，2007.

4. 霍恩比. 牛津高阶英汉双解词典 ［Z］. 李旭影，等译. 9 版. 北京：商务印书馆，2018.

5. 莱考夫，约翰逊. 我们赖以生存的隐喻 ［M］. 何文忠，译. 杭州：浙江大学出版社，2015.

6. 李宇明. 全球华语大词典 ［Z］. 北京：商务印书馆，2016.

7. 李宇明. 语法研究录 ［M］. 北京：商务印书馆，2002.

8. 杨文全，王刚. "洗脑"及其他 [J]. 语文建设，2004 (12).

9. 杨扬，杨文全. 试论新兴疾病名称的规范 [J]. 语言文字应用，2016 (2).

10. 于芳. 汉英"脑"词群隐喻认知对比研究 [D]. 上海：上海外国语大学，2013.

11. 袁毓林. 容器隐喻、套件隐喻及相关的语法现象：词语同现限制的认知解释和计算分析 [J]. 中国语文，2004 (3).

12. 张敏. 认知语言学与汉语名词短语 [M]. 北京：中国社会科学出版社，1998.

13. 中国社会科学院语言研究所词典编辑室. 现代汉语词典 [Z]. 7 版. 北京：商务印书馆，2016.

14. 周荐. "语模"造语浅说 [J]. 语文研究，2008 (1).

15. FAUCONNIER G，TURNER M. Conceptual integration networks [J]. Cognitive science，1998 (2).

The Container Metaphor of "*Nao*"（脑）and the Derivation and Variation of Words and Phrases It Constructs

Yang Wenquan　Shen Xuemei

(*Institute of Chinese Language and Document*, *Southwest University*, *Chongqing*, 400715)

Abstract：The partial expression of "*nao*"（脑）involved in the construction is widely used in contemporary Chinese and derives new usages. The semantic and syntactic description and analysis of words and phrases containing "*nao*"（脑）show that the container metaphor of "*nao*"（脑）is the basis for generating a type of expressions containing "*nao*"（脑）. Combined with metaphor and conceptual integration theory, the cognitive motives of its derivation and variation are analyzed, and its pragmatic motivation is examined from the perspective of language and social co-change, so as to obtain a holistic understanding of the related expressions composed of the container metaphor of "*nao*"（脑）.

Key words："*nao*"（脑），container metaphor, cognitive semantics, conceptual integration, idiom-model

汉字与修辞

汉字构形的文献修辞意义*

李　索①

（大连大学文学院　大连　116622）

摘　要：古汉语修辞以汉语文献语言为研究对象，其语料首先以视觉符号序列展现出来。汉字作为形、音、义的结合体，是最直接、最基础的研究元素之一。汉字构形的表意性特征使其对汉语文献语言的明晰性、形象性等产生了直接且明显的影响，因而具有显著的修辞意义。古汉语修辞学研究应该关注汉字的特性和汉语文献语言的实际，把汉字构形的选择与运用纳入研究范畴。

关键词：汉字；构形；修辞

一、问题的提出：汉字有无修辞意义

汉字有没有修辞意义，是不是汉语修辞研究的对象？修辞学界对此见仁见智。但依据普通语言学和西方修辞学理论，答案是否定的。

王希杰认为："为了达到预期最佳的表达效果而对语言材料进行选择的过程，就是修辞活动。""提高语言表达效果的规律规则，就是'修辞'。""修辞学，是研究提高语言表达效果的规律的语言科学，是以修辞活动为自己的研究对象的一门科学。""语言和文字是两种不同的符号系统，后者唯一的存在理由是在于表现前者"②，"辅助语言交际的非语言手段，不是修辞学的研究对象。例如书面语中的行款、版式、字体、开本、装帧等，并不是修辞学的研究对象"③。

王先生强调"字体"不是修辞学研究的对象，没有谈到"文字"，尤其是汉字。但这似乎并不影响对汉语修辞研究不包括汉字的结论，因为从理论上讲，修辞研究的是"语言"的运用问题，而语言的组成要素是语音、语义和语法。文字并不是语言的直接组成要素，自然不应在研究范围

---

　　* 本文是国家社科基金项目"敦煌写本儒学九经异文汇考"（项目编号：15BYY123）的阶段性成果。

　　① 作者简介：李索，博士，大连大学文学院教授，研究方向为汉语史、古汉语修辞及儒学经典文献。

　　② 索绪尔. 普通语言学教程［M］. 高名凯，译. 北京：商务印书馆，1980：47.

　　③ 王希杰. 汉语修辞学［M］. 修订版. 北京：商务印书馆，2004：7 - 8.

之内，汉字也不例外。

但汉字毕竟不同于西方文字，有自己显著的特点。所以陈望道先生一方面强调"修辞是语辞的调整和适用"，另一方面也注意到"修辞所可利用的是语言文字的习惯及体裁形式的遗产，就是语言文字的一切可能性"。① 他还指出："中国文字因此在修辞学上就发现了一个特殊的情形，就是有了通常所谓的字面好看不好看的问题……字形既已繁多而又多少带有图形的性质，文章上这就不免很有些人在字音所致的'听觉的效果'而外，并注意字形所致的'视觉的效果'。"②

显然，陈先生注意到了汉字"字形所致的'视觉的效果'"。既然字形对文章的视觉效果有影响，自然也应受到修辞学研究的关注。

对此，吴礼权先生在《现代汉语修辞学》中作了明确的说明："修辞学就是系统地研究如何适应语言活动中特定的题旨情境要求，充分利用'语言文字的一切可能性'，力图将语言的表达效果提升到尽可能高的水平的种种规律的科学。""修辞学的研究对象十分明确，这就是语言。""但是，由于各民族语言的情况不尽相同，所以在利用'语言文字的一切可能性'方面就存在差异，比方说汉语中可以利用汉字的形、音、义等方面的一切可能性，而在世界其他民族语言中就未必都能做到。"③

吴先生注意到了中外语言的差异性，主张汉语修辞"可以利用汉字的形、音、义等方面的一切可能性"，的确是中肯之见。但如何利用"汉字的形、音、义等方面的一切可能性"进行修辞？《现代汉语修辞学》的研究对象是现代汉语，对此问题着墨不多。④ 既然汉语可以利用汉字的形、音、义进行修辞，汉字构形的选择与运用理应在修辞研究范畴之内，这一点是明确的。

到目前为止，学界对汉字构形的修辞功用与意义，汉语修辞是否应该将其列入研究范畴，理论阐释尚不深入，观点亦不一致，实际研究中则关注不够。

二、两类不同特性的文字

我们认为，厘清这两个相互关联的问题，首先要对"文字"特性进行具体分析。

① 陈望道. 修辞学发凡［M］. 上海：上海教育出版社，1997：8.
② 陈望道. 陈望道语文论集［M］. 上海：上海教育出版社，1980：165.
③ 吴礼权. 现代汉语修辞学［M］. 上海：复旦大学出版社，2006：13－14.
④ 汉语修辞学著作中经常提到的"析字""炼字"等问题本质上是词汇问题，非汉字问题。

文字是语言的书写符号体系。一般而言，语言中最小的有意义的且能够独立运用的单位是词，词是音义结合体，世界上的文字按照它的形体与所记录的词的联系方式可分成"表音"和"表意"两大体系。按照词的读音去构建字形，字形与词的读音相联系，称为表音体系；按照词的意义去构形，字形与词义相联系，称为表意体系。

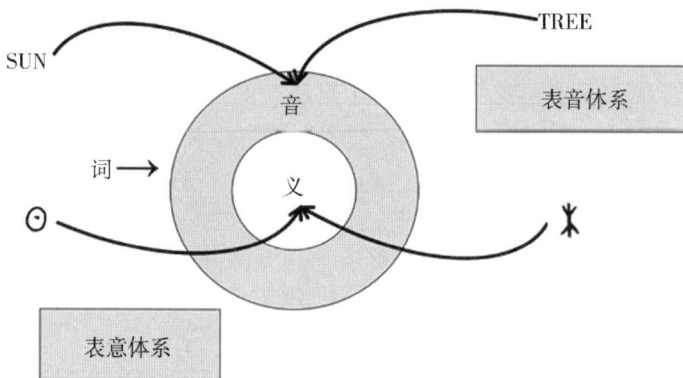

图1　字形、词关系图

显然，图1中"SUN"和"TREE"记录的是英语中表示"太阳"和"树木"的词的读音，汉字"☉"和"✳"表示的是"日（太阳）"和"树木"这两个词的意义。英语及许多印欧语系语言的文字记录的是词的读音，属于表音体系的文字；而汉字记录的是词的意义，从本质上讲，属于表意体系的文字。

既然汉字是表意体系的文字，其字形和意义就有着直接和间接的联系。这就意味着，汉字的形体结构对词义的表达有直接的影响。例如"临"字，甲骨文作"𡄹""𡄹"，上部像一个人，突出他的眼睛，下面的三个小三角或三个"口"表示物品，整个构形像是一个人俯视众物，表示从上向下看，俯视。《诗经·大雅·大明》："上帝临女，无贰尔心。"意思是上帝从天上看着你们，不要有二心。

可见，"临"这个字表示的是从上向下看，具有"以尊适卑"的特色。所以古代皇帝到了叫"驾临""临幸"，今天欢迎领导和来宾也时常说欢迎"莅临""光临"。这些词语不仅有到来的意思，还蕴含着对对方的尊敬之意。"𡄹"字的构形不仅表现了词的意义，还非常形象地体现了词义的特色。

今天由于"𡄹"字形体的演变，人们往往不明白其词义特色，导致交际出错：

甲："明年还请您光临。"

乙："好的，好的，一定光临，一定光临。"

显然，乙这样说不合适，称自己"光临"，有以高位自居之嫌。

具体而言，作为汉字构形基础的象形字是对词所表示的具体物象的描画，因而与词的意义有着最直接、密切的联系。例如：

日　　月　　木　　水　　牛　　羊　　虎　　犬

在象形字基础上加上指示性笔画构成的指事字和用两个及以上象形字构成的会意字，其字形都与所记录的词义有着直接的联系。例如：

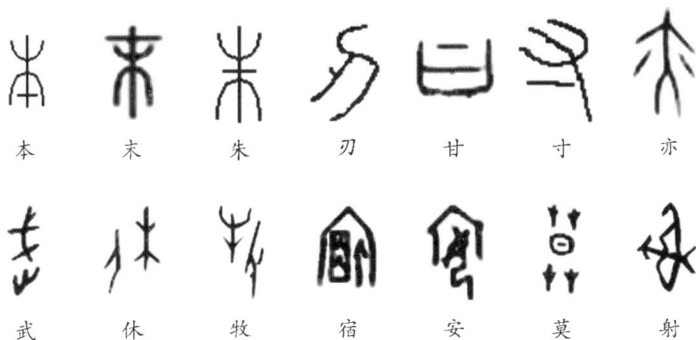

本　　末　　朱　　刃　　甘　　寸　　亦

武　　休　　牧　　宿　　安　　莫　　射

后期出现的兼具表音功能的形声字，无论其表音构件还是示意构件，原本大都是象形字。即使从构形上看不出具体词义，也可以据以判断出其词义类别。如以"水"为示意构件的字大都与"水"有关，如江、河、湖、海、潮、汐、洪、波、洗、灌；以"火"为示意构件的字大都与"火"有关，如燃、烧、烤、烛、炬、灶、炉、烫、热、熟。

当然，如果汉字与所记录的词是一一对应的，即一个词只用一个字来记录，或者说一个构形只用来记录一个词，使用中就不存在选择问题，其修辞空间就会很狭窄。但实际上，文献中汉字的使用是一个非常复杂的问题，数个汉字共记一词的现象时而有之。行文中，为了更准确、形象、生动地表达意义和情感，就需要对所用的汉字进行一番选择提炼，从而为汉字修辞提供广阔的空间和可能（例见下文）。

西方语言中的表音文字却完全不同，由于其记录的是词的读音，与意义无关，修辞中对语音的安排面对的既是词语，也是文字。其文字的构形对意义的表达一般不构成直接影响，在此方面不存在修辞运用与研究的基础。

西方修辞学理论最早称修辞为"修辞术"，是把修辞作为"演说的艺术"来研究的。① 文字作为语言的书写符号，与口语演说并无直接联系，被排除在研究范围之外就是自然的了。

三、修辞研究对象的差异

当今汉语修辞学研究的主流是现代汉语修辞，这是修辞学研究的使命使然，无可厚非。需要注意的是，现代汉语修辞研究自然以现代汉语为研究对象，其语料（修辞文本）既包括口语的，也包括书面语的。同古代汉语相比，现代汉语书面语所使用的基本上是国家推行的规范汉字"简化字"。由于汉字的工具性特质及其他复杂的原因，这种简化字的形体结构同古汉字形体相比，已经发生了非常大的变化，汉字成为不能表意的表意字。因此，现代语言生活中，汉字形体对表情达意的影响同其在经典文献中的影响已不可同日而语。对于当今不熟悉古代汉语和汉字构形的大多数汉语使用者而言，汉字仅仅是一个书写符号而已，其形体对意义的影响甚至可以忽略不计。

古汉语修辞研究则不一样。因为它本质上属于文献语言修辞，研究的对象是古代的书面语，直接语料是眼前成线性排列的汉字。尽管今天看来，大部分文献是用篆书以后的今文字书写的，但可以想见的是，古人当年书写时使用的是古文字（先秦时期），即使是两汉及以后的今文字时期，古人对汉字形义的理解也远非今人所能比。他们在运用这些汉字时的选择与安排直接关系到意义和情感的表达。因此，今天进行古汉语修辞研究，这些因素不得不考虑。从这个角度而言，汉字构形的选择与运用应该作为古汉语修辞研究的基本内容之一。

四、经典文献中的异形字

尽管从理论上讲，汉字的选择与运用应该列入古汉语修辞的研究范

---

① 参见亚理斯多德. 亚理斯多德《诗学》《修辞学》［M］. 罗念生，译. 上海：上海人民出版社，2016：141 – 142.

畴，但是否如此，决定性的因素还是经典文献中汉字的实际运用情况。为了尽可能考察古人书写用字的原貌，本文详细考察了影印敦煌文献中手抄本儒学经典的用字情况，对其中不同于经过后人修订的传世本中的异形字进行了较为系统的分析研究。限于篇幅，略举数例以展示其对文意和情感表达的影响。

（一）表意明晰性的差异

1. 悊（哲）

（1）知之曰明悊，明悊实作则。（P. 2643[①]《尚书·商书·说命上》）
（2）兹四人迪悊。（P. 748《尚书·周书·无逸》）

例中"悊"字，传世本皆作"哲"。[②] 例（1）孔传："知事则为明智，明智则能制作法则。" 例（2）孔传："言此四人皆蹈智明德以临下。"可见，两个例句中"悊"（哲）的字义均为聪明、明智。

《说文·口部》："知也，从口折声。悊，哲或从心。"《说文·心部》："悊，敬也。从心折声。"《说文系传》："古以此字为哲字。"[③]《玉篇·心部》："悊，知列切，智也，与哲同。"[④]《六书故》卷十三："又作喆，嚞。说文曰：悊，敬也。按：聪哲之悊，当从心。今书传多作哲，盖借用嘲哲之哲"。[⑤]

敦煌写本"悊"从心，心之官则思，表示聪明、明智，确有可追寻的理据。传世本作"哲"，从口，表意上显然不如从心之"悊"更清晰明确。

2. 躲（射）

（3）予告女于难，若躲之有志。（P. 2643《尚书·商书·盘庚上》）
（4）虢躲曰："皮之不存，毛将安傅?"（P. 2562《左传·僖公十四年》）

例中"躲"字，传世本作"射"。
《说文·矢部》："躲，弓弩发于身而中于远也。从矢从身。射，篆文

---

① 依惯例，英国人斯坦因所掠敦煌文献称 S. ××号，法国人伯希和所掠者称 P. ××号，下同。
② 传世本以清阮元校刻的《十三经注疏》本为代表。
③ 徐锴. 说文解字系传 ［M］. 北京：中华书局，1987：208.
④ 顾野王. 玉篇 ［M］. 北京：中华书局，1985：40.
⑤ 戴侗. 六书故 ［M］. 党怀兴，刘斌，点校. 北京：中华书局，2012：287.

躲从寸。"段注："射者，小篆；则躲者，古文。"①

"躲"，甲骨文作"✦"（佚九三〇），金文作"✦"（静簋）。商承祚认为："是躲从弓从矢，或从弓从矢从又，象张弓注矢而射。此从身，乃弓形之讹。"②

尽管"躲"与"射"的构件"身"可以认为是由"弓"字讹变而成，然而一旦讹变定型，则从矢比从寸笔意更明显、更充分。"寸"可以表示"法度"，而上古射箭又往往和礼仪法度有关，这或许是"射"从寸的原因。从身从寸（手）可以和多种活动联系，不一定非射箭不可，但从矢有一种表意清晰的区别性符号，笔意更明确。可见，作为"射"之古文，"躲"从身从矢，会"以身射箭"之意，比"射"之从寸更明确清晰。

3. 慇（殷）

（5）出自北门，忧心慇慇。（P.2529《诗经·国风·邶风·北门》）

例中"慇"字，传世本作"殷"。陆德明《释文》："殷本亦作慇。"《说文·心部》："慇，痛也。从心殷声。"《尔雅·释训》"慇慇，忧也，谓忧之切者也。"《诗经·小雅·正月》："念我独兮，忧心慇慇。"毛传："慇慇然痛也。"可见"慇慇"是形容忧心、心痛的程度深，故而从心。《说文·月部》："殷，作乐之盛称殷。"段注："引申之为凡盛之称，又引申之为大也。"③"殷"的本义是"作乐之盛"。故写本"慇"构形从心，表示心痛，是用本字，相比表示"作乐之盛"的"殷"字，表意更加明确。

4. 酤（沽）

（6）酤酒市脯不食。（P.3305《论语·乡党》）

例中"酤"字，传世本作"沽"。陆德明《释文》："沽音姑，买也。""沽酒"指从市上买来的酒。《说文·水部》："沽，水出渔阳塞外，东入海，从水古声。"又《说文·酉部》："酤，一宿酒也。一曰买酒也。从酉古声。"沽从水，本为水名，经典中表示"买、卖"义均为借字。"酉"字，甲骨文作"酉""酉"。

外面像盛酒的器皿——"尊"的形状，里面的部分表示尊内有酒。

① 段玉裁. 说文解字注 [M]. 上海：上海古籍出版社，1981：639.
② 商承祚.《说文》中之古文考 [M]. 上海：上海古籍出版社，1983：51.
③ 段玉裁. 说文解字注 [M]. 上海：上海古籍出版社，1981：388.

《说文·酉部》:"酉,就也。八月黍成,可为酎酒。象古文酉之形。""酤"字从酉,表示"买酒"相比从水之"沽"笔意更加清楚明确。

5. 慼(戚)

(7) 出涕沱若,慼嗟若,吉。(P. 2530《周易·离卦》)

(8) 子曰:"君子坦荡荡,小人长慼慼。"(P. 3194、3705《论语·述而》)

例中"慼"字,传世本作"戚",意义为"忧"。例(7)孔疏:"出涕滂沱,忧戚而咨嗟也。"例(8)何注:"郑曰:'坦荡荡,宽广貌;长戚戚,多忧惧。'"《说文·戉部》:"戚,戉也。""戉,斧也。……《司马法》曰:'夏执玄戉,殷执白戚,周左杖黄戉,右秉白髦。'"段注:"(戚)又引申训忧,《小明》'自诒伊戚',传曰:'戚,忧也。'度古只有戚,后乃别制慽字。"

"戚"的本义为兵器,形似斧,表示"忧惧",构形上没有直接联系,当是借字。"慼"从心,表示"忧惧",笔意清晰,理据明确。

上述5例,悊与哲、躬与射、愍与殷、酤与沽、慼与戚,在具体语境中表达的意义完全相同,但由于构形的差异,前者的视觉效果更加明晰。

(二) 表意形象性差异

1. 馭(御)

(9) 予临兆民,若朽索之馭六马。(P. 2533《尚书·夏书·五子之歌》)

(10) 仡仡勇夫,射馭弗违,我尚不欲。(P. 2549《尚书·周书·秦誓》)

例中"馭"字,传世本皆作"御"。

《说文·彳部》:"御,使马也。从彳从卸……徐锴曰:卸,解车马也。或彳,或卸,皆御者之职。""馭,古文御。从又马。""馭"字甲骨文作"𓌳",象以手驾驭马之形。金文作"𓃗",从马从攴,象手持马鞭御马之形,古文构形与甲金文相同,造意清晰,隶书、楷书一脉相承,表示驾驭马匹,比"御"更生动形象。

2. 𦏺（泄）

（11）雄雉于飞，𦏺𦏺其羽。（S10《诗经·国风·邶风·雄雉》）

例中"𦏺𦏺"，阮本作"泄泄"。毛传："兴也，雄雉见雌雉，飞而鼓其翼，泄泄然。"朱熹《诗集传》："泄泄，飞之缓也……故言雄雉之飞舒缓自得如此。"

《说文·水部》："泄，水。受九江博安洵波，北入氏。从水世声。"《玉篇·羽部》："𦏺，飞皃。""泄""𦏺"均从世得声，"泄"从水，本义为水名；"𦏺"从羽，"羽"字甲骨文作"𦏺"，像鸟翅膀上的长翎，句中表示"鸟缓缓飞行的样子"，"𦏺"相比于表示水名的"泄"显然更加形象生动。

3. 鶹（流）

（12）琐兮尾兮，鶹离之子。（S10《诗经·国风·邶风·旄丘》）

例中"鶹"字，传世本作"流"。毛传："流离，鸟也。少好，长丑。"

《说文·水部》："流，水行也……㳅，篆文从水。"《尔雅·释鸟》："鸟少美长丑为鶹鷅。"郭注："鶹鷅犹留离，《诗》所谓留离之子。"

鶹鷅为鸟名，"流"表示水流动。鶹从鸟，流从水，表示鸟名，"鶹"是本字，"流"是借字，《尔雅》郭注中作"留"也是借字，都不如"鶹"字表意明确形象。

4. 正（政）

（13）还，刺荒也。笺：荒谓正事废乱。（P. 2669B《诗经·国风·齐风·还》序、笺）

例中"正"字，传世本作"政"，文意指"执政、政事"。

"正"字甲骨文作"𝄞"，《说文·止部》："正，是也。从止，一以止。""政"字甲骨文作"𝄞"，《说文·攴部》："政，正也。从攴从正，正亦声。"《论语纂疏》卷一引朱熹《论语集注》："政之为言正也，所以正人之不正也。""政谓法制禁令也。"（赵顺孙撰《朱子集注》）意谓"政"的意义来源于"正"，就是通过"法制禁令"这些"政事"（手段）来纠正不正的人和事，从而达到"正"。"政"得"正"之声，亦得其义。

"攴"字甲骨文作"𣂻"，像手执木棍的样子，更凸显借用一定的方式手段之意，表示"执政""政事"，从攴之政比"正"更加形象。

上述4例，驭与御、豜与泄、鹠与流、正与政，在具体语境中表达的意义完全相同，但由于构形的差异，前者涉及与词义关系密切的具体事物，形象更加鲜明，容易引发读者的联想，视觉效果更加生动形象，修辞效果更好。

五、余论

汉字不同于西方的字母，从内容表达的角度看，它的表意性特征决定了其对文意表达的明晰性、准确性、形象性具有直接的影响；从文句的结构形式看，其独具特色的构形方式对字面的结构美甚至行文音乐美也有着直接的影响。① 因此，汉字构形的选择与运用是古代汉语修辞的组成部分之一，其具体研究范围至少包括四个方面：①汉字形素的选择与结构方式对意义表达的作用与影响；②汉字形体演变对意义表达与审美的作用与影响；③汉字构形对行文韵律美的作用与影响；④汉字构形对词语选择的影响与制约。

这些问题既涉及汉字构形自身音、形、义的关系问题，如不同的结构类型导致的形体差异，本字与借字，初文与孳乳字，音变对构形的影响，以及汉字形体的演变对修辞的影响等。遗憾的是，这些问题尚未引起学界足够的关注，研究尚待真正展开。

参考文献

1. 陈望道. 陈望道语文论集 [M]. 上海：上海教育出版社，1980.

2. 陈望道. 修辞学发凡 [M]. 上海：上海教育出版社，1997.

3. 段玉裁. 说文解字注 [M]. 上海：上海古籍出版社，1981.

4. 俄罗斯科学院东方研究所圣彼得堡分所，等. 俄藏敦煌文献 [M]. 上海：上海古籍出版社，1992—2000.

5. 法国国家图书馆. 法藏敦煌西域文献 [M]. 上海：上海古籍出版社，1995—2005.

6. 阮元. 十三经注疏 [M]. 北京：中华书局，1980.

7. 商承祚. 《说文》中之古文考 [M]. 上海：上海古籍出版社，1983.

8. 索绪尔. 普通语言学教程 [M]. 高名凯，译. 北京：商务印书馆，1980.

① 限于篇幅，当另行论述。

9. 王宁. 汉字构形学讲座 [M]. 上海：上海教育出版社，2002.

10. 王希杰. 汉语修辞学 [M]. 修订版. 北京：商务印书馆，2004.

11. 吴礼权. 现代汉语修辞学 [M]. 上海：复旦大学出版社，2006.

12. 亚理斯多德. 亚理斯多德《诗学》《修辞学》[M]. 罗念生，译. 上海：上海人民出版社，2016.

13. 中国社会科学院历史研究所，等. 英藏敦煌文献 [M]. 成都：四川人民出版社，1991—1995.

The Rhetoric Significance of Chinese Character Configuration in Chinese Language Documents

Li Suo

(*Faculty of Arts*, *Dalian University*, *Dalian*, 116622)

Abstract：Ancient Chinese rhetoric takes Chinese documentary language as the research object, and its language materials are first presented in the form of visual symbol sequences. As a combination of form, sound and meaning, Chinese characters are one of the most direct and basic research elements. The ideographic features of the configuration of Chinese characters has a direct and obvious influence on the clarity and figurativeness of Chinese documentary language, thus having significant rhetorical significance. The study of ancient Chinese rhetoric should focus on the characteristics of Chinese characters and the reality of Chinese documentary language, and incorporate the selection and application of the configuration of Chinese characters into the research category.

Key words：Chinese characters, configuration, rhetoric

修辞策略研究

对联的主要对偶方式*

罗积勇①

（武汉晴川学院传媒艺术学院　武汉　430204）

摘　要：对联以对偶为基础。本文以笔者在《中国辞格审美史》第四卷中提出的对偶方式的立体分类框架为基础，结合对联创作的实际情况，深入分析了对联的主要对偶方式，其中关于流水对与汉语复句的关系、反对的两种类型、宽对宽在何处、假平行对的成因、借对的类别与实质、规则重字对的多种形式、一边自对的来由等问题，都有自己的新见。

关键词：对联创作；对偶方式；宽对；规则重字对

在《文心雕龙·丽辞》中，刘勰将对偶分为"言对""事对"和"正对""反对"。唐人的分类更是五花八门，但大多是在同一层面上分类，分类标准也往往语焉不详。张弓《现代汉语修辞学》为"对偶式"作过一个分类："可按两个标准区分，按性质区分，有'正对''反对'两种；按上下联的关系区分有'平对''串对'两种。"张弓先生明确分类标准，且从不同层面分类，这是值得肯定的。但张先生的分类仍嫌简单，不足以涵盖几千年来的对偶事实。我们从古今对联和其他文体中对偶的现实出发，总结古今对偶分类的经验，从不同层面分类，但同一层面采用同一标准，得出了如下的分类框架：

按对偶的两句（两段）之间的语义关系分类，可分两个小类：第一小类包括平行对与流水对；第二小类包括正对和反对。

按形式上的对偶宽严分类，可分两个小类：第一小类包括工对与宽对（"假平行对"附）；第二小类包括非特色词对与特色词对。

按对偶辞格与其他辞格融合使用而产生的对偶分类，可分两个小类：第一小类包括借对与谐音对；第二小类为规则重字对。

按对偶内部句际关系分类，可分三个小类：第一小类包括独句对与隔句对；第二小类为一边自对；第三小类为互成对。

---

* 本文是国家社科基金项目"中国对偶修辞通史"（项目编号：19BYY034）的阶段性成果。

① 作者简介：罗积勇，武汉晴川学院传媒艺术学院副院长，武汉大学文学院退休教授，研究方向为汉语修辞学、中国古典文献学。

本文重点分析流水对、反对、工对、宽对、借对、规则重字对和一边自对。

一、按对偶的两句（两段）之间的语义关系分类

（一）平行对与流水对

此类即相当于张弓分出的平对与串对。

关于对偶句，一般首先想到的是出句与对句各说一事，两者平列对举而不分先后或不强调时间先后的那一种，就是学界通常所说的平行对。我们把上下联各说一事、两者平列对举而不分先后或不强调先后的对偶方式称为平行对。

如广州北郊白云山镇海楼上有一联：

急水与天争入海；
乱云随日共沉山。

这两句一说水，一说云，如果不考虑对联的仄起平收，则完全可以倒过来说。

与平行对相对的还有一种流水对。流水对就是指出句与对句语义连贯、不能颠倒的对偶句，是指上下联在语义上有先有后、相承相接的对偶联。流水对的基本特征就是上下联之间语义连贯，语气衔接，不可分割，不能随意颠倒，似水顺流而下，使上下联之间构成承接、递进、转折、选择、条件、因果、假设等关系。罗积勇、张鹏飞在《流水对类型新论》中将其分为五种类型：一分为二型、过程连贯型、因果连贯型、词语黏合型、问答型。

1. 一分为二型
为适应每句字数的限制而人为地将一个语法上的单句分拆为两个节奏句，并且使这两个节奏句构成形式上的对偶。
（1）主谓分说式。
如《诗经·秦风·晨风》："鴥（yù）彼晨风，郁彼北林。"鴥：疾飞的样子。
（2）谓语部分分说式。
如苏轼《章质夫送酒六壶书至而酒不达戏作小诗问之》："岂意青州六从事，化作乌有一先生。"青州从事代指酒，这使用了《世说新语》中的典故。

2. 过程连贯型

此类实际上是表达在一个过程中先后发生、紧相接续的二事的连贯句，一种对偶的连贯句。如《诗经·小雅·伐木》："（伐木丁丁，鸟鸣嘤嘤。）出自幽谷，迁于乔木。"又如杜甫《闻官军收河南河北》："即从巴峡穿巫峡，便下襄阳向洛阳。"

纪念辛亥革命100周年作品（柯丹）：

首义一枪终帝制；
共和百岁入民心。

第四届书香联萃楹联大奖赛二等奖作品（余小伟）：

雅室拥书，如山如海；
春风开卷，读己读人。

要先有书，然后才能开卷，所以此联属于过程流水对。

3. 因果连贯型

此类主要是指上下联所表二事间存在因果关系，并因此而连贯为一体的对偶。存在因果关系的复句，据邢福义研究，有因果句、推断句、假设句、条件句、目的句。这些句式均能用来构成流水对。

（1）因果句。

如毛泽东《和郭沫若同志》："金猴奋起千钧棒，玉宇澄清万里埃。"此诗联构成因果关系，前因后果。

（2）推断句。

如张众甫《送李观之宣州谒袁中丞赋得三州渡》："自当舟楫路，应济往来人。""自"有本来、既然的意思，所以这个句子是推断句。

（3）假设句。

如王之涣《登鹳雀楼》："欲穷千里目，更上一层楼。""欲穷千里目"是"若欲极目远眺"的意思，省略了连词"若"。

（4）条件句。

如曹克定《感时》联："只须钱接轨；自有路通车。"意思是只要用来贿赂的钱送进去了，贪官就自会一路开绿灯。

（5）目的句。

如章太炎挽宋教仁联："愿君化彗孛（bèi）；为我扫幽燕。""愿"的宾语"君化彗孛，为我扫幽燕"是一个目的句。

4. 词语黏合型

此类主要是指由表递进关系或转折关系或让步关系的复句构成的流水对，这类流水对中的关联词是不能省略的，省略了就不是原来的意思了。如令狐楚《相和歌辞·从军行》："纵有还家梦，犹闻出塞声。"这是转折复句。

用这类构联的，如黄药眠自题联："虽无彪炳英雄业；却有忠臣赤子心。"

第四届书香联萃楹联大奖赛二等奖作品（宋贞汉）：

悦目虽多春色彩；
赏心还是字馨香。

这体现的是让步关系。
而家具店广告联：

不但铺垫美；
而且坐卧安。

这体现的则是递进关系。

5. 问答型

问答型流水对依回答情况，可分二式：

（1）正面回答式。

如无名氏题山东日照天后寺联曰："问观音为何倒坐？恨众生不肯回头。"

有时对正面回答的表达要进行一些加工。如孟浩然《留别王维》："当路谁相假？知音世所稀。"本来的回答是当权者没有谁了解、赏识我，但此联以造成这种现象的原因作答。刘长卿《钱别王十一南游》："飞鸟没何处？青山空向人。"与此相类似，"青山空向人"更有意境。

（2）延伸回答式。

有时出句提出问题时本身就已暗示了结论，这时出句无须正面回答，但作者还是就其暗含的结论延伸开去，作了说明或评论等。如杜甫《自京窜至凤翔喜达行在所三首》之三："死去凭谁报？归来始自怜。"再如黄庭坚《过平舆怀李子先时在并州》："世上岂无千里马？人中难得九方皋。"

对联的例子，如陈坤玉《井》：

枯荣谁解；

深浅自知。

本来的回答是"无人了解和关心"，但以"无人关心"的相关后续事件作答。此联还运用了互文的手法，完整的意思是：我这口井的枯荣、深浅，无人感兴趣，只有我自己了解和关心。

（二）正对与反对

正对是指上下联内容相关或相似，内容上互为补充的对偶。正对中有时会出现部分意思的重复，如春联"六畜兴旺千家乐；五谷丰登万户春"中，"千家""万户"意思相同。甚至会出现上下联意思完全相同的情况，变成"合掌对"，如宋之问《初到黄梅》："马上逢寒食，途中属暮春。"基于此，刘勰在《文心雕龙·丽辞》中说"反对为优，正对为劣"。

但正对并不一定是劣质的，正对也能出彩，如曹克定《水泊梁山》（二）：

嫉恶如仇，该出手时当出手；

舍生取义，遇抛头处敢抛头。

这副对联便将梁山好汉鲜明的个性特征描绘出来了。

又如李仁《撰泰山》：

开张襟抱，融入自然，我与青山皆妩媚；

荡涤尘埃，回归纯朴，心同碧水共澄清。

这是 2013 年山东泰安"东平湖杯"中华泰山征联中的优秀奖联。

反对，就是上下联内容或其部分内容一正一反、意思互相映衬的对子。

反对可分两类。一类是上下联所说事情明显构成对立关系，如李白《江上吟》："屈平词赋悬日月，楚王台榭空山丘。"对联例，如今人曹克定《季子挂剑台》（一）：

岂解古人心，为践一言凭挂剑；

且观今世弊，欲承半诺也谈钱。

在此联中，对句与出句所说事完全相反。但并不是所有反对都是如此。

有时说的事并不相反，只是在表达上显出相反，如张祜《洞庭南馆》："树白看烟起，沙红见日沉。"日之沉与烟之起，方向相反，但对句与出句的造意却是相同的，两句共同构成洞庭南馆之暮景。这就是反对的第二类——"字词相反、句意相成"。在对联中的例子如："竹开霜后果；梅动雪前香。"上下联分别有"后"与"前"，是反对，但所说竹子、梅花的品性却是相同的。

由"有""无"构成的反对类对联比较有特色，如陶渊明《归园田居》其一："户庭无杂尘，虚室有余闲。"对联的例子也很多，如船家联："无浪行千里；有风送万程。"又如寿联："青山有雪存松性；碧空无云称鹤心。""松木有枝皆百岁；蟠桃无实不千年。"春联："无枝不秀；有地皆春。"它们都属于"字词相反、句意相成"类，其用词虽相反对，但语义相辅相成。

刘勰说"反对为优，正对为劣"，虽有点绝对化，但反对用得好，确实容易出彩，如姚金生《南平玉屏阁》：

> 爽气徐来，阁上逍遥横玉笛；
> 闲云渐去，廊边缱绻啭莺声。

此联获得 2013 年南平玉屏阁征联一等奖。

笔者曾于 2017 年 8 月份为荆楚楷模武大六院士作表彰联，也用到反对技法，联曰：

> 大师拼课，薪火相传，物在地球微可测；
> 重器藏黉，高尖长握，情钟祖国厚难估。

"武大六院士"包括宁津生、李德仁、刘经南、张祖勋、陈俊勇、龚健雅六位两院院士，他们合作讲授面向大学新生的专业基础课"测绘学概论"。二十年来，六位院士的师德师风感召着学生，民族情怀和爱国真谛引领着学生。他们不仅是顶尖科学家，还是孜孜于科研报国的践行者。王之卓、李德仁、龚健雅师徒三代院士的留学报国之路，在全国测绘界早已传为佳话。我为他们所作对联中用"微可测"和"厚难估"这一个反对分别表现他们在科技上的贡献和对祖国的赤子之心。虽用了"可"和"难"这样的反义词，但表现的主题相同。

二、按形式上的对偶宽严分类

所谓形式上的对偶宽严是指对应字词意义轻重、大小之感觉是否完全对当，词性、结构是否完全相应。在这个层次上可分出两个小类。

（一）工对与宽对（"假平行对"附）

1. 工对

工对是指对句与出句对应部位词性对品（且不能同字）、节奏相同、词义范畴类别相当的对偶。宽对则指在工对的上述四项要求中有一两项或全部有所变通、放宽的对偶。

工对中词义范畴类别相当，在古人那里是实实在在的，如王维《使至塞上》："大漠孤烟直，长河落日圆。""大""长"相当，"直""圆"相当。

古人营造工对时，又特别注重名词的词义范畴类别相当，比如同为天文地理类、同为时令节气类、同为草木花果类、同为鸟兽虫鱼类等。另外，数目词、颜色词、方位词也自成一类。如春联：

桃红犹含山外雨；
李艳更带日边霞。

桃、李，雨、霞各自为类。
又如金陵凤仪门对联：

耸翠流丹，千仞丽礁辉日月；
萦青绕白，四围屏障合江山。

以"江山"对"日月"，其大小、其气势、其给人的感觉，足相匹敌，是谓"对得起"。

有一些经常相伴而生的词，虽然异类，但也可构成工对，如"诗"与"酒"、"兵"与"马"、"金"与"玉"、"人"与"物"、"风"与"月"等，如庄木林《题元宵节》：

新春谜语风猜透；
古国花灯月点燃。

此联获得 2012 年联都网 "三门峡杯" 征联一等奖。

另外，如果是句中自对而同时又两句相对，也被认为是工对，如杜甫《涪城县香积寺官阁》："小院回廊春寂寂，浴鸟飞鹭晚悠悠。" 其中，"小院""回廊" 当句自对，"浴鸟""飞鹭" 亦当句自对，而下联中的 "浴鸟飞鹭" 又与上联中的 "小院回廊" 相对偶。对联例，如第四届书香联萃楹联大奖赛三等奖作品（唐本靖）：

馆对今人藏古卷；
书翻平地仰高峰。

上联中 "今人""古卷" 自对，下联中 "平地""高峰" 自对。

2. 宽对

让我们看看宽对如何从宽。

第一，宽对只要求对句重要部位的词性与出句相应部位对品，非重要部位可从宽，如孟浩然《望洞庭湖赠张丞相》："欲济无舟楫，端居耻圣明。" 这里，"端" 与 "欲" 对不上，但因为其他部分特别是句子后半部对偶，所以构成宽对。

有时，局部可出现意思上相对而字面并不对偶的情况，前人称之为 "意对"，如陆游《游山西村》"山重水复疑无路，柳暗花明又一村" 中的 "疑无路""又一村" 即是意对。对联有时也会这样，如黄祖勋《题天马山观景阁》：

果然飘逸雄姿，兰水壶山收一阁；
难得休闲胜地，晨妆暮卷览无穷。

"览无穷" 对 "收一阁" 即属意对技法。此联获得 2012 年莆田市政征联三等奖。

第二，在词性对品的前提下，词义范畴类别可以不相当，这在宽对中常见。须知对句不只是装饰性的，大多数时候它要写实景、造意境，顾不得谁谁是否同类的问题，现场有谁便是谁，故多用宽对，如李商隐《晚晴》："天意怜幽草，人间重晚晴。"

第三，宽对只要求对句重要部位的结构与出句中的相应结构相同，非重要部位可从宽。如第四届书香联萃楹联大奖赛三等奖作品（郭丽洁）：

学海自涓滴，三千寒暑求深意；
书山积跬步，无限风光在顶峰。

以"在"对"求"，只能如此。

在词性对品的前提下，甚至上下联整体结构不一样也无妨。因为古人对偶的一个最基本的要求是对应的字要在词性上对品，即要求"字对"。而在字字基本对品的情况下，结构可以不论。比如，在词性对品的前提下，主述宾结构可与状述宾结构相互对偶。王勃《送杜少府之任蜀川》："城阙辅三秦，风烟望五津。"后一句就是状述宾结构，主语"我"省略，"风烟"是处所状语。还有更复杂的，白居易《与梦得沽酒闲饮且约后期》："共把十千沽一斗，相看七十欠三年。"两句结构明显不对应。但若从总体上看，对句各部位的词性与出句对品，出句"把"是拿着的意思，动词。北京大学蒋绍愚《唐诗语言研究》将这种上下两句词性基本对品而句法结构不同的宽对称为"假平行对"。

假平行对的出现与汉语语法缺乏形态标记有关，在满足词性对品之后，语法结构可能会相同，也可能不相同。比如名词对名词符合对偶法则，但对出来的句子，在语法结构上并不一定相同，因为名词在句中可以作主语、宾语和状语等不同成分。如刘禹锡《西塞山怀古》："人世几回伤往事，山形依旧枕寒流。"出句中的"人世"作状语，对句中的"山形"则是主语。苏轼《和子由渑池怀旧》："老僧已死成新塔，坏壁无由见旧题。""坏壁"是状语。

再有一种假平行对是单句、复句相对。如李白《谒老君庙》："流沙丹灶灭，关路紫烟长。"出句是因果复句，对句则是单句。

对联中的例子如："窗含竹色清如许；人比梅花瘦几分。"上联是紧缩复句，下联则是表比较的单句。又如庄木林《题南靖土楼》联（获2014年福建南靖土楼征联二等奖）：

观瞻作地标，谁识土楼真胜地；
凝固成音乐，众夸民间最强音。

"观瞻作地标"意思为：如果观瞻，则以它（南靖土楼）作为地标。这是个紧缩复句，但"凝固成音乐"却是个动宾短语。

假平行对的出现还与对法中的"虚字混对"有关。古人把各类虚词和意义较虚的词尾叫"虚字"，虚字不再细分，基本可以混对，代词属虚字，可与介词、连词、助词混对，但不与叹字对。因为虚字往往依从于不同的语法结构，一旦联系不同语法结构的虚字对了起来，就会产生假平行对，如咏怀联："文情生若春水；弦咏寄之天风。"

武汉大学于丹教授因痴心于梁子湖水生态治理而获评"荆楚楷模"，祝大光为其作联曰：

> 廿三年坚守于斯，驻孤岛拓荒，看丹阳焕彩；
> 千万次追寻着你，听平湖啼鸟，为生态飞歌。

按规则，"于""着"可对，但对出来的"坚守于斯"跟"追寻着你"，语法结构完全不同，前者为动补结构，后者为动宾结构。又如王耘《迎青奥》联（获 2014 年南京市迎青奥全国征联优秀奖）：

> 青春一足，踢回王者气；
> 潇洒三分，投入梦之篮。

从宽对的角度说，虚字可以不再细分而混对，"者""之"可对，但"王者气"是"二一"节奏，与"梦之篮"不同。

第四，宽对允许不太明显的节奏微别。如阴铿《和樊晋陵伤妾》："户余双入燕，床有一空帷。"又如王维《送丘为落第归江东》："五湖三亩宅，万里一归人。"其中"一/归人"与"三亩/宅"节奏不同，但"一"与"三"形成强烈对比，"一归人"短语在意义上与"三亩宅"相对当，这些因素足以掩盖节奏微别。对联的例子如颜阙鹏《题玉兰菩提》（获 2015 年晋江市花市树全国征联三等奖）：

> 桑梓故人情，根连祖地菩提树；
> 天涯游子意，心似家乡白玉兰。

"菩提树"是"二一"节奏，"白玉兰"则不是。

第五，涉及修辞技巧时可从宽。如颜阙鹏《题三八节》（获 2012 年联都网"三门峡杯"征联二等奖）：

> 三月花香春意满；
> 八方酒美女儿红。

"女儿"对"春意"不工，但"女儿红"是酒名，用的是双关手法。

（二）非特色词对与特色词对

明白了特色词对，非特色词对自明。特色词对主要有叠音词对、双声叠韵词对、数字对、颜色词对。唐人对这类对偶相当重视，主要是因为这些词汇进入精心设计的偶句后有着与一般词汇不一样的表现力，如数字对在丰富内容、表现夸张、显示对比方面，颜色词对在焕彩醒目方面，都表现出特殊的修辞效果。在古人眼里，特色词对是与工对平起平坐的，只要特色词对应得好，即使其他部分对得不工整，也是被看重的。所以，我们将特色词对归入对偶宽严类。

这里试以数字对为例，看看它在楹联中的作用。

含数字的短语，言简意赅，如湖北联家闻楚卿《纪念孔子诞辰 2 560 周年》：

德耀三才称至圣；
学施六艺仰先师。

"三才"指天、地、人。孔子主张效法自然，仰观天，俯察地，通过类比推理来思考人间的道理，可以说孔子的学问是一种贯通天、地、人的学问；至于"六艺"，那是孔子当年教学生的科目，是其传道的抓手。三才、六艺，可谓包罗万象。用数字对确实可不增文字而极大地丰富内容。

至于用数字对以达到夸张效果的，如闻楚卿《题武汉长江大桥》联：

天堑变通途，九孔东西船百万；
龟蛇横彩练，一桥南北路三千。

用数字对以达到对比目的，也是对联中的常用手法，如闻楚卿《题赠五峰县联家座谈会》联：

一水汇清江，轻盈宛似青罗带；
群峰围锦帐，剔透真如碧玉簪。

这里显示了"一"与"多"的对比。

又如闻楚卿《题谷城县南河小三峡电站（1990）》：

一坝锁龙门，掣电奔雷，机旋飞喷千堆雪；
双峰封峡口，汇潭沉璧，镜平筛映两重天。

这里既有"一"与"多"的对比，又含"动"与"静"的对比。

三、按对偶辞格与其他辞格融合使用而产生的对偶分类

偏重形式的对偶辞格常与其他辞格结合使用，当其成了对偶技法不可分割的一部分时，就产生了新的对偶方式，如借对与谐音对、规则重字对。

（一）借对与谐音对

借对、谐音对与字词音、义相关。它们是对偶辞格与双关等修辞手法融合使用而产生的对偶。

1. 借对

借对是对偶的一种特殊形式，主要出现在近体诗中。由于准确表达的需要，作者难免会写出一些对仗并不严格的句子（如"浮钟宵响彻，飞镜晓光斜""樽开柏叶酒，灯发九枝花"），有时这样的对子听起来却感觉是很工整的，因为其中影响形成工对的某个字词恰好有另一个义项或有另一个同音字，而这另一个义项或另一个同音的字词的意思又恰好能与该对子中另一句中对应的字词形成工对，如上举第一例中"飞镜"本指月亮，但字面上有飞于天上的镜子的意思，与"浮钟"可对偶。第二例中"柏"与"百"同音，而"百"与"九"为工对。这样的情形，如果是作者有意为之，我们就称之为借对。

借对是一种变通理解的工对，即如果按作者实际要表达的意思来理解，其对偶并非工对；但如果对某些影响对偶工整的字词按同音联想或多义联想来理解，则符合工对要求。借对分借义与借音两类。

（1）借义对。

所谓借义，是发生在多义字词本身，当说写者所用该多义字词的某个义项与另一句中相对应的字词并不能构成严整的对偶，而该多义字词的另一个义项却能与之构成严整的对偶时，说写者便借此诱导读者，让读者想起这另一个义项，以其意义来满足工对的要求。

如湖北联家王细平《贺卷妹妹生日》：

途经南粤琼州，数日小留，衣上迹白云碧海；
辰祝康宁福禄，寻常吉语，心中生春水桃花。

以"寻常"对"数日"，系借"寻常"表长度单位的意义而对。这副对联学的是杜甫的用法，杜甫《曲江》："酒债寻常处处有，人生七十古来稀。"按诗意，"寻常"是平常的意思，此义与对句的"七十"对不上，但"寻常"又是长度单位，古八尺为寻，二寻为常，这个义项与"七十"正好相对。

又如有一趣味联曰：

三尺天蓝缎；
六味地黄丸。

"地黄"是中药名，与表示色彩的"天蓝"本不对偶，但"地"的本义与"天"构成工对，"黄"的本义与"蓝"也工对。此处即借其义以对。

又可用人名或物名的字面义来构成工对。如李忠云《新风扑面 30 年应征联》（获 2012 年韶关五月诗社征联三等奖）：

三十年国粹弘扬，五月鲜花荣岭表；
数千载文风激荡，九龄遗韵绕韶关。

其中，"九龄"本指张九龄，此借其字面义以构成工对。

（2）借音对。

借音对是指这样一种情形：对子中某一单音词在意义上并不符合工对要求，但与这个词同音而未出现在该句中的另一单音词的意义却符合此处的工对要求，于是作者有意诱导读者想起这个词，以成全工对。如唐代写月中桂的诗联：

根非生下土；
叶不坠秋风。

由"下"联想到"夏"，便对上了。

一般情况下，这个"所借之音"与其本字意义无关。例如：

残春红药在；
终日子规啼。

上联中之"红药"是名词，但"红"是颜色词；下联中相对应位置的"子规"也是名词，但"子"不是颜色词，这里借用了紫色的"紫"的音，来与"红"相对。这个被借来的紫色的"紫"字，与联文表意没有关系，但"紫""子"同音，这种情况是允许的，也算是工对。

有时音义均有关，既借音又借义。如唐代以来相传的诗联："舴艋猿偷上；蜻蜓燕竞飞。""蚱"与"舴"在《广韵》中都是陌韵侧伯切，当时"蚱蜢"与"舴艋"同音，而且船之所以叫"舴艋"，是因为它小巧如蚱蜢，二词有同源关系。又如王耘《阅江亭》联：

伍相雄风吞楚越；
一江活水贯春秋。

伍相指伍子胥，而"伍"又是"五"的大写。

2. 谐音对

谐音对就是利用汉字异字同音或异字近音的条件，来形成双关，使其构成表里两层意思，以产生辞趣的一种对格。例如：

两舟并行，橹速不如帆快；
八音齐奏，笛清难比箫和。

相传有一个叫陈洽的神童，八岁时与父同行，见两船一快一慢，父亲出其上联，陈洽应对下联。这副对联谐音双关，隐含着四个人名，把历史人物拿来比较：鲁肃不如樊哙，狄青难比萧何。又如：

因荷而得藕；
有杏不须梅。

"荷"谐"何"，"藕"谐"偶"，"杏"谐"幸"，"梅"谐"媒"。

借对中的借音对，联中所用义项还只是一个，但"谐音对"则两个义项都同时用上了。如相传古时一个七岁孩儿巧对塾师：

眼珠子，鼻孔子，珠子反在孔子上；（塾师）
眉先生，胡后生，先生不如后生长。（七龄童）

中药名联也是这个套路：

鼓架架鼓，陈皮不能敲半下；
灯笼笼灯，纸壳原来只防风。

半下，即指中药"半夏"。

(二) 规则重字对

1. 规则重字对的定义

规则重字对是对偶辞格与反复辞格相融合而产生的。规则重字对是这样一种对偶：上联在不同位置重复出现了同一个字，而下联也在与上联重字相对应的位置上重复另一个字。这种对偶法先秦就有，如《孟子·梁惠王上》："老吾老以及人之老，幼吾幼以及人之幼。"宋代的王十朋特喜在诗中用此对偶方式，如其《景卢赠人面竹杖》："竹能有面如人面，人亦虚心似竹心。"

这种对偶句备受古代人喜爱，后来在各种文体中都得到了很大的发展。对联继承光大之。

规则重字对所重复的字可以是实词，如安忠国画《清风居》征联时程旭的应征联：

镇日晴时，岭绕烟霞泉绕雾，悬瀑千寻随梦淌；
霓云深处，峰为帷帐路为窗，飘舟一叶送人归。

上联重"绕"字，下联对应部位重"为"，均是实词。
重复的也可以是虚词，如陈佐松《题"华中第一泉"牌楼》联：

妙境名天外，但凭几处瑶池，便令远者来、近者悦；
闲情寄此间，纵有千般俗事，亦能忘乎我、胜乎仙。

也可以在一联中既重实词又重虚词，如罗积勇《麻城湖广移民文化公园祭祖大殿大门联》：

生于此，长于此，先人掘井于斯，斯固发祥旧地；
迁也兴，播也兴，后辈添枝也劲，劲开荣祖新花。

此联是应征联，获得中国·麻城湖广移民文化公园楹联大赛一等奖，并由公园方请名家书写悬挂。

2. 一般规则重字对

仅符合上下联对应部位重复不同的字这个规定的，我们称之为"一般规则重字对"，如查卫东（网名"醉于斯"）题《论语》：

语之精而盖诸流，追远慎终，希贤希圣；
儒其雅以成一脉，修身立德，曰礼曰仁。

上联重"希"，下联对应重"曰"。
又如陈超迁《西湖楼外楼》联：

梅盐调众口甘鲜，对酒对朋，何妨醉倒；
山水具诸般境界，且观且得，不必言诠。

有时重复不止一次，如东南网 2012 年春联征集一等奖联（刘新传）：

春日春风春不尽；
福州福地福无穷。

规则重字对常跟借对结合在一起。例如：

南通州，北通州，南北通州通南北；
东当铺，西当铺，东西当铺当东西。

下联"东西"借字面义而对。

3. 特殊规则重字对

联界讲到许多名目的对式，其实大多用到"规则重字对"，它们可以归并到"特殊规则重字对"，充当其下位类别即可，这样更有利于初学者掌握。

（1）规则重字对之"转品对"。

转品即转类，指创作作品时，有意将某一词类的词临时转作另一词类的词来使用。转类后该词的意义也随之发生变化。例如：

解衣衣我，推食食我；
春风风人，夏雨雨人。

按古人的规矩，后面的"衣""食""风""雨"均要变读。有的则只是转品转义，无须变读，如 2012 年央视书画频道龙年迎春征联出上联求对，李忠云应对：

> 书画书春色，寄怀频道道新春；（出句）
> 对联对世情，贺岁笙歌歌盛世。（对句）

上联第二分句中的两个"道"，词性不同；下联第二分句中的两个"歌"，词性不同。

又如曹克定《屈原》联：

> 奋在抗秦，屈而不屈，且将肝胆化离骚，费得千秋解读；
> 悲于亡楚，平则难平，便对江山明抱负，借来一水释疑。

通过学习这些联例，我们既可明白规则，又可领会技巧。

（2）规则重字对之"叠语对"。

叠语对是指重复两个单音词的手法。当所叠为名词时，表示量多；当所叠为形容词时，表示程度的增加。如黄文中题西湖天下景亭联：

> 水水山山，处处明明秀秀；
> 晴晴雨雨，时时好好奇奇。

"西湖天下景"亭坐落在杭州风景秀丽的孤山中山公园。

还有更奇的联：

> 天上月圆，人间月半，月月月圆逢月半；
> 今宵年尾，明日年头，年年年尾接年头。

上联第二、三、四、六个"月"是表时间的，与月亮之月不同义。这是叠语对与转品对套用。

（3）规则重字对之"衔字对"。

衔字对是指在联语中一个字衔接着一个相同的字，而这连续出现的相同的字，在联中又不构成重叠的关系，只是一种衔接关系，以增强语义的节奏感及情趣感。例如：

> 面面有情，环水抱山山抱水；
> 心心相印，因人传地地传人。

这是叶征（字翰仙）题杭州西湖西泠印社四照阁联。

这种手法古今联家都喜欢用，如《对联话》第54页所录《西湖平湖秋月》对联：

穿牖而来，夏日清风冬日日；
卷帘相见，前山明月后山山。

又如当今湖北联家姜天河《题南鄂温泉》：

南鄂著风流，韵染潜山山织锦；
温泉添浪漫，情融淦水水吟诗。

真可谓古今联家，好之不厌。

4. 规则重字与不规则重字

上下联不相对应的位置不能重字，重了则为"不规则重字"，所在联即为病联。对于何谓"不规则重字"，下面细加说明：

（1）上下联同位重复实字。

如有病联曰："打造新天府；建设新天城。"

在长联的对应分句中，相同位置的虚字（比如"之"）不可避免时可重，如雍正皇帝题斋宫联：

克践厥猷，聪听祖考之彝训；
无敢康事，先知稼穑之艰难。

其实上下联中的"之"字可去掉，但为了节奏之美，则要保留。这类对联应是脱胎于传统的骈文。

（2）上下联异位重字。

如有病联曰："盛世和谐春剪彩；新春浪漫虎扬威。"异位重"春"字。

但在"交股对"（又称"磋对"）中，上联某个位置出现"A""B"，下联对应位置可对以"B""A"。例如：

一衣带水两厢望；
两岸关情一愿牵。

在这一联中，"一""两"二字交错而对，同时也交错而重。交错而重不为病。

还有一种情况就是仅单边重字，也是不规则重字，这在对联中是不允许的。

四、按对偶内部句际关系分类

（一）独句对与隔句对

从对偶的内部句际关系看，按对偶之单边句数的多少可分出独句对与隔句对。独句对即指出句与对句均为一句的对偶。

隔句对则是指由两个语段构成的对偶。语段中含两个或两个以上小句，这些小句有时是规整的句子，古人称之为"扇对"，如萧纲《采莲赋》：

> 荷稠刺密，亟牵衣而绾裳；
> 人喧水溅，惜亏朱而坏妆。

古人觉得上联第一分句隔了第二分句而与下联对，便起了个"隔句对"的名称。其实，这种情况在中唐以后的赋和骈文中就变得很平常了，单边既可以两句，也可以两句以上。明清制艺（八股文）中，单边句数更多，有人称之为"股对"。

（二）一边自对

隔句对的单边有时包含了许多分句，要使这些分句与另一边的对应分句一一对偶，有时很难做到，于是其中一部分分句在与另一边对应分句的字数相等的条件下，可在自己这一边的内部对偶，而不必与另一边对偶，这就是"一边自对"的形式，如任德坚《题崔字牌香油》：

> 承正宗绝艺，心不懈，志有恒，未负百年谋一事；
> 创崔字名牌，作龙头，执牛耳，已销九域遍全球。

上下联中的二、三分句各自为对，又如王雪森《题科普》联：

> 与文明携手，让愚昧低头，人有精神风有骨；
> 输科普原浆，增中华能量，山添智慧水添魂。

在这种对偶方式中，一般至少有一分句上下联成对，其他则各自为对，有人便形象地称之为"凤尾对"。当然，完全一边自对的古代联例也存在。

（三）互成对

互成对即是在单边联中连用几个并列结构的词组，再与对句形成照应的格局。例如：

万里江湖梦；
千山雨雪行。

其中"江、湖""雨、雪"为并列词组，而且紧密相连，并在上下联中形成互对。在这类例子中，上下联中所用词语都属同类。也允许不同类，如有抒怀联曰：

胸中丘壑无今古；
笔底烟霞自卷舒。

这是宋代宋伯仁七律《题李长啸漕元赁居》的颔联。曹克定《题荒石斋》的"拓荒三径诗联赋；攻石半生切琢磨"亦属此类。

再看一例形容词并列词组、名词并列词组成对的例子，涂山禹王庙联（《对联话》第 72 页）：

二仪上下分清浊；
万国衣冠拜冕旒。

这种互成对也可应用到中、长联中，如刘乐贺《题凤凰岭自然风景区》联：

春赏红桃，夏观银瀑，秋醉果香，冬迷雪色，四时景异乐无涯，赞京城绿肺葱茏，惊呼造化钟神秀；
礼参佛石，秘访吕仙，尊揖孔圣，趣探古猿，三教源同人有祖，喜海淀名区璀璨，高举文明飞凤凰。

上联中"神""秀"自对，下联"凤""凰"自对，这两个词组又因为同为并列词组，而可上下对偶。不难看出，此类的基础还是"一边自对"。

五、结语

以上我们分别分析了对联中常用的一些对偶方式。实际上，一副对联特别是长联的创作，常常会用到两种甚至更多的对偶方式。如本文最后所举的刘乐贺《题凤凰岭自然风景区》联，除了能观察到互成对外，还可以观察到数字对（"三教"对"四时"）、特色词对（"璀璨"对"葱茏"）。除此之外，还可以看到上联开头四句分说春夏秋冬的作为，是自相偶排；下联由"礼""秘""尊""趣"领头的四句，也是自相偶排。既然各自偶排，那也就是"一边自对"。由此看来，在对联创作中，我们不仅要熟悉一些常用的对偶方式，还要能够根据实际情况和现实需要，将各种方式联合运用、配合运用乃至融合运用。

参考文献

1. 梁章钜，等. 楹联丛话（附新话）[M]. 白化文，李如鸾，点校. 北京：中华书局，1987.
2. 吴恭亨. 对联话 [M]. 喻岳衡，校注. 长沙：岳麓书社，2003.

The Main Antithetical Form of Couplets

Luo Jiyong

(*School of Media Arts*, *Wuhan Qingchuan University*, *Wuhan*, 430204)

Abstract: Couplets are based on duality. This article is put forward by the author in the fourth volume of the *Aesthetic History of Chinese figures*, based on the stereoscopic classification framework of antithetical form, combined with the actual situation of the creation of couplets, the main points of couplets are deeply analyzed antithetical form in which the relationship between running water pairs and Chinese complex sentences, the two types of opposition, where is the width of the width, the cause of false parallel pairs, the category and essence of borrowing pairs, the multiple forms of regular word pairs, the origin of one side self pairs, etc. Some new ideas about these antithetical form are presented in this paper.

Key words: creation of couplets, antithetical form, a wide pair, rule double word pairs

"以文为诗"：韩愈诗歌修辞的创新和贡献[*]

段曹林①

（海南师范大学文学院　海口　571158）

摘　要： 韩愈诗歌修辞的创新和贡献，突出表现在对"以文为诗"这一传统的承前启后，不但拓展、提升了杜甫在律诗中开创的"以文为诗"修辞实践，而且将散文习见的用句法、谋篇法、表意法等尽可能地移植到古体诗中，将散文擅长的评议法借用到近体诗中。这些有意识的修辞探新直接影响到了中晚唐和宋代在诗歌艺术表现上的扩容与增力。

关键词： 韩愈；诗歌修辞；以文为诗；历史贡献

作为兼具尚奇精神和豪放性格的古文大家，韩愈大胆地融散文笔法入诗，力行诗体改革，倡导新诗风，留下了不少"既有诗之优美，复具文之流畅，韵散同体，诗文合一"（陈寅恪《金明馆丛稿初编·论韩愈》）的佳篇。这一大胆的诗体创新向来被冠以"以文为诗"。

从修辞角度看，韩愈一方面有意识地打破、消融诗与散文的界限，突破诗歌在韵律、节奏、对称、表现手法等方面的惯例，在诗中引入散文的篇法、句法结构和手段。如他的名篇《山石》，用散文的结构方式谋篇，以时间为序，叙述游踪和见闻感受，全用散句。更多的时候，他有意拗峭句法，尝试在诗中使用较多的散文句式，采用句法变奏修辞方法，造成语势、节奏的变化。如五言诗打破二三节奏的："乃一龙一猪"（《符读书城南》）、"固罪人所徙"（《泷吏》）、"在纺织耕耘"（《谢自然诗》）、"时天晦大雪"（《南山诗》）；七言诗打破二二三节奏的："嗟我道不能自肥""子去矣时若发机"（《送区弘南归》），"溺厥邑囚之昆仑""虽欲悔舌不可扪"（《陆浑山火和皇甫湜用其韵》）。这些都与传统五言诗之上二下三型、七言诗之上四下三型节奏迥然不同。有时甚至在同一首诗中大量使用散文句式，如《嗟哉董生行》："淮水出桐柏山，东驰遥遥，千里不能休。泚水出其侧，不能千里，百里入淮流。寿州属县有安丰，唐贞元时，县人董生

　＊　本文是国家社科基金项目"唐诗修辞史研究"（项目编号：15XYY013）的结题成果之一。

　①　作者简介：段曹林，海南师范大学文学院教授、博士生导师，主要从事修辞学和应用语言学研究。

召南隐居行义于其中。"另一方面，他在诗中穿插较多的议论，突破诗歌重比兴、重形象、重趣味的传统，直接发表评论和看法，"以议论入诗"。如他的《荐士》《醉赠张秘书》《汴泗交流赠张仆射》等诗都加入了一定的议论句，而《赠侯喜》"是时侯生与韩子"起十四句、《谢自然诗》"余闻古夏后"起三十六句，几乎都是议论句。

一、"以文为诗"在古体诗中的开创性修辞实验

韩愈诗歌修辞的创新和贡献，首先表现在五古、七古中，进一步拓展提升了杜甫在律诗中开创的"以文为诗"句法修辞传统，将散文惯用的用句法、谋篇法、表意法等尽可能地移植到诗歌中。其从多用虚词、散义句式和评议句，延伸到多用叙述句、说明句和散文篇法，承前启后，为探索传统诗歌在艺术表现上的扩展容量和增大力度，进行了大胆的革新和有益的尝试。

山石荦确行径微，黄昏到寺蝙蝠飞。升堂坐阶新雨足，芭蕉叶大栀子肥。僧言古壁佛画好，以火来照所见稀。铺床拂席置羹饭，疏粝亦足饱我饥。夜深静卧百虫绝，清月出岭光入扉。天明独去无道路，出入高下穷烟霏。山红涧碧纷烂漫，时见松枥皆十围。当流赤足踏涧石，水声激激风吹衣。人生如此自可乐，岂必局束为人靰。嗟哉吾党二三子，安得至老不更归！（韩愈《山石》）

这首诗以诗记游，汲取游记文的章法，按行程先后为序，以游踪为线索，叙写见闻感受。以叙述为主，有景有情有诗意，是《山石》的独创。修辞上主要借助词语修辞安插线索、揭示景物特点，借助叙述句客观地记录，较少使用修饰性和描绘性的句法成分，纯用散句，几乎不用修辞格，言语风格平淡、自然。

从谋篇角度看，"黄昏""夜深""天明"交代了时间，"到寺""静卧""独去"说明了行程，诗歌记游的脉络借助词语选择和配合得到了呈现。最后四句，用反问和感叹抒发游览后的感慨，完成了诗歌"记游+抒怀"结构的剩余两块拼图。

从内容表现看，二十句诗除前述的四个抒情句外，主要都属于叙述句和说明句。这和一般的诗以写景、抒情为主有明显的不同。描绘性的内容很少，其中包括四个描写句——山石荦确行径微、芭蕉叶大栀子肥、夜深静卧百虫绝、山红涧碧纷烂漫，另有用于描述的三个形容词——足、好、

稀，用于修饰的形容词——新、清，以及一个拟声词——激激。用于描述和修饰的词语几乎都是普通词语，如微、大、肥、红、碧等，但很能突出景物的特征，带有鲜明的形象性，给人留下深刻的印象，可见作者是经过精心选择的。叙述句所用动词也多带有动作性，因而也在一定程度上增强了诗歌语言的形象性。"铺床拂席置羹饭"中三个动词的连用，"当流赤足踏涧石"中三种状态的白描，其中的动态形象尤为突出。

原头火烧静兀兀，野雉畏鹰出复没。将军欲以巧伏人，盘马弯弓惜不发。地形渐窄观者多，雉惊弓满劲箭加。冲人决起百余尺，红翎白镞随倾斜。将军仰笑军吏贺，五色离披马前堕。（韩愈《雉带箭》）

本诗写将军射猎的情景，简笔勾勒，生动传神，"短幅中有龙跳虎卧之观"（汪琬《批韩诗》）。修辞上主要借助词语修辞、句法修辞和映衬、夸张，描述射杀野雉的过程和场景，表现将军的智勇双全，言语风格绚烂、刚健。

首句描写射猎前的氛围，"静兀兀"突出环境的安静，以此反衬射猎者的兴奋心理和接下来射猎的"动"。第二句开始，野雉出场。全诗十句中的一半是以野雉为直接描述对象的，分别写雉的机警躲藏（"出复没"）、顽强反抗（"冲人决起百余尺"，"百余尺"用夸张手法）、拼死挣扎（"倾斜""堕"），既紧扣题目，也构成了强有力的映衬，反衬射猎者的力量和智谋。以将军为直接描述对象的共有三句，分别表现其心理、动作和神态。"以巧伏人""盘马弯弓""仰笑"，从正面表现了其有勇有谋、沉着自信、开朗豪放的性格特征。"地形渐窄观者多"，描写将军所选择的射箭时机，映衬了其"以巧伏人"，一方面做到一箭中的，另一方面让更多人亲眼见证。

该诗具有很强的描绘性，主要得力于其对颜色词"红""白"的对用，对叠音词"兀兀"，叠韵词"离披""劲""满"等形容词，以及"盘马""弯弓""倾斜""仰笑""堕"等动词的选用。此外，该诗纯用散句，不用偶句，也是诗人有意识的出新。清人朱彝尊《批韩诗》评论此诗"句句实境，写来绝妙，是昌黎极得意诗，亦正是昌黎本色"，很值得借鉴。

纤云四卷天无河，清风吹空月舒波。沙平水息声影绝，一杯相属君当歌。君歌声酸辞且苦，不能听终泪如雨："洞庭连天九疑高，蛟龙出没猩鼯号。十生九死到官所，幽居默默如藏逃。下床畏蛇食畏药，海气湿蛰熏腥臊。昨者州前捶大鼓，嗣皇继圣登夔皋。赦书一日行万里，罪从大辟皆除死。迁者追回流者还，涤瑕荡垢清朝班。州家申名使家抑，坎坷只得移荆蛮。判司卑官不堪说，未免捶楚尘埃间。同时辈流多上道，天路幽险难追攀。"君歌且休听我歌，我歌今与君殊科："一年明月今宵多，人生由命非由他，有酒不饮奈明何！"（韩愈《八月十五夜赠张功曹》）

这首诗写与同病相怜的僚友对酒当歌、互诉衷肠，抒发内心的复杂情感。修辞上主要借助映衬谋篇，借助词语修辞、句法修辞和夸张、比喻等写景、叙事、抒情，表达流畅，言语风格刚健、自然。

该诗用映衬主要有两处：一是开头的写景和后面的对歌，二是"君歌"和"我歌"。诗的前三句描写八月十五月圆之夜的景象，天空是"纤云""清风""天无河""月舒波"，地面是"沙平""水息""声影绝"，一派清朗、静谧，与喝酒对歌者阴郁、不平的心境，与"君歌"中贬所的险恶环境，都构成明显的反差和对衬。"君歌"的特点是"声酸""辞且苦""不能听终泪如雨"，内容是对自身坎坷遭遇和悲惨心情的诉说；"我歌"的特点是故作旷达，内容则是劝慰和自嘲。"君歌"的内容是"我"感同身受的，"君歌"亦"我歌"，借君歌浇我心中之块垒，"我歌"里对对方的劝慰又何尝不是在作自我宽解？"君歌"和"我歌"由此也构成互补、互衬的关系。借助这两处映衬，诗歌结构得以凝聚、平衡，诗歌意境也得以丰富、深化。

词语修辞，集中在开头的写景修饰语（"纤""清"）和描述语（"平""息""绝"等）的选用上，对"君歌"的说明（"酸""苦"）和记录（"默默""畏""湿""蛰""熏""腥""臊"等）也多有体现。

句法修辞，全诗完全散行，不用句间对偶，从而造就语势的流利和表达的朴拙，句内则用到了两处排比——"沙平水息声影绝""涤瑕荡垢清朝班"，以及更多的准对偶——"清风吹空月舒波""迁者追回流者还"。这种诗句内的整齐形式有利于凝练语义、均衡节奏，协调诗句间的变化。此外，前面都用陈述句，最后用一个感叹句，有助于增强抒情和结尾的力度。

夸张，主要见于"君歌"中，"洞庭连天九疑高，蛟龙出没猩鼯号。十生九死到官所"突出贬所环境和路途的险恶，"赦书一日行万里"凸显最初听闻赦免消息时的欣喜心情。比喻，有两处明喻——"泪如雨""幽居默默如藏逃"，一处借喻——"天路幽险难追攀"，喻指仕途充满坎坷艰险，政治目标难以实现。

五岳祭秩皆三公，四方环镇嵩当中。火维地荒足妖怪，天假神柄专其雄。喷云泄雾藏半腹，虽有绝顶谁能穷？我来正逢秋雨节，阴气晦昧无清风。潜心默祷若有应，岂非正直能感通。须臾静扫众峰出，仰见突兀撑青空。紫盖连延接天柱，石廪腾掷堆祝融。森然魄动下马拜，松柏一径趋灵宫。粉墙丹柱动光彩，鬼物图画填青红。升阶伛偻荐脯酒，欲以菲薄明其衷。庙令老人识神意，睢盱侦伺能鞠躬。手持杯珓导我掷，云此最吉余难同。窜逐蛮荒幸不死，衣食才足甘长终。侯王将相望久绝，神纵欲福难为功。夜投佛寺上高阁，星月掩映云曈昽。猿鸣钟动不知曙，杲杲寒日生于东。（韩愈《谒衡岳庙遂宿岳寺题门楼》）

这首诗主动融入散文句法、篇法，记拜谒衡岳庙并且留宿的事，抒写内心的怨愤和胸怀的旷达。修辞上主要借助词语修辞、句法修辞和映衬、用典，将叙事、写景、抒情融为一体，言语风格庄重、谨严。

前六句概述衡岳的地位和特点。"皆三公""火维""地荒""足妖怪""专其雄"言其重要地位，"喷云泄雾藏半腹，虽有绝顶谁能穷"连用"喷""泄""藏"三个动词，再以反问加强肯定语气，凸显其高峻神秘。

接着八句具体写登山。"我来"二句，叙事兼写景，突出"晦昧"，与"须臾"后的四句构成映衬，先抑后扬。"潜心默祷若有应，岂非正直能感通"，叙述中包含议论，说衡岳自己"潜心默祷"好像有应验，"感通"了"正直"的神明。"正直"隐含质疑之意。"突兀""连延""腾掷"等修饰语和"撑""接""堆"等描述语的使用，共同体现了衡岳高耸入云、群峰绵延的雄奇特点。

"森然"起十四句，详写谒庙。"森然魄动"点出衡岳庙的氛围，接着三句的描写则进一步烘托、映衬这一庄严肃穆的氛围。"升阶"以下六句写行祭。"伛偻"凸显诗人之虔诚，"睢盱侦伺能鞠躬"则刻画"庙令"恭敬的表情动作。但老人"云此最吉余难同"的抽签结论引发了诗人对现实处境的抱怨和对前途的怀疑。"幸""甘""望久绝""难为功"等词语准确地刻画了诗人的复杂心理状态。

末四句，略写夜宿。双声词"掩映"、叠韵词"曈昽"、叠音词"杲杲"的配合，凸显了景物的美；"猿鸣钟动不知曙"则翻用典故。写景和用典共同映衬了诗人襟怀之旷达。

这首诗在谋篇上，一线而下，有详有略，序次清晰，章法井然。通篇一韵到底，押韵句用三平调或"平仄平"收尾，有效地配合了谋篇和表意，以及平实的语言运用，共同凸显了古朴庄重的风格。

江陵城西二月尾，花不见桃惟见李。风揉雨练雪羞比，波涛翻空杳无涘。君知此处花何似？白花倒烛天夜明，群鸡惊鸣官吏起。金乌海底初飞来，朱辉散射青霞开。迷魂乱眼看不得，照耀万树繁如堆。念昔少年著游燕，对花岂省曾辞杯？自从流落忧感集，欲去未到先思回。只今四十已如此，后日更老谁论哉？力携一尊独就醉，不忍虚掷委黄埃。（韩愈《李花赠张十一署》）

这首诗摹写梨花，借花写人，即景寄慨，奇思壮采，百感交集。修辞上完全不用对偶，代之以通篇的散行句，借助映衬、拟人、比喻、夸张、设问、象征等多样化的修辞手法，极写李花的色彩光泽，寄寓诗人爱花惜花之情，言语风格绚烂、含蓄。

诗歌前段写景，着力摹写李花惊天动地的光彩。首二句用桃花映衬李花，点出其在暗夜中的分外皎洁。接下来五句，连用辞格铺写夜晚的李花。"风揉雨练雪羞比"用拟人和反衬，凸显其洁白无瑕；"波涛翻空杳无涘"用比喻和夸张，摹状其繁盛无边。再由设问引出对花的影响力的描摹，"白花倒烛天夜明，群鸡惊鸣官吏起"用比喻、夸张和示现，将白花比作蜡烛，把整个天空都照得如同白昼，乃至于因为误认为天亮，鸡群纷纷啼鸣，官吏们也随之起床。"金乌"后四句，写朝阳照耀下的李花。诗人先借用典故把太阳拟作金乌，描写日出后的金光四射，接着描述天空和地面的色彩交相辉映，"迷魂乱眼"，无数李花如同用彩光堆积而成的奇丽景象。

诗歌后段抒情，前四句今昔对照，感慨今日的无心赏花；后四句抒写惜花之情。其间两用设问，加强肯定和感叹的语气，"忧感""不忍"点出内心情感，叹花也在叹己，惜花也是惜人。

诗人如此浓墨重彩地描写李花，表现其超凡脱俗的光亮、色彩和繁盛，显然是有所寓托的。李花的光彩夺目，可与日月争辉，具有象征意义，不能不让人联想到具备超凡才华和影响力的人才。诗人自视甚高，难免不令人想到是否有自比之意。诗人对李花的欣赏和怜惜，也可以看作对自己才能的欣赏和怜惜。蒋抱玄《评注韩昌黎诗集》云："此诗妙在借花写人，始终却不明提，极匣剑帷灯之致。"

昵昵儿女语，恩怨相尔汝。划然变轩昂，勇士赴敌场。浮云柳絮无根蒂，天地阔远随飞扬。喧啾百鸟群，忽见孤凤凰。跻攀分寸不可上，失势一落千丈强。嗟余有两耳，未省听丝篁。自闻颖师弹，起坐在一旁。推手遽止之，湿衣泪滂滂。颖乎尔诚能，无以冰炭置我肠！（韩愈《听颖师弹琴》）

这首诗描写音乐，清代诗论家方扶南将其与白居易《琵琶行》、李贺《李凭箜篌引》相提并论，推许为"摹写声音至文"。修辞上避用对句，主要借助词语修辞和比喻、示现、借代、夸张、通感、映衬等，描摹琴声及其给人带来的感受，言语风格绚烂、谨严。

诗的前十句，极尽想象之能事，正面比况琴声及其变化。连用比喻，把琴声比作小儿女的私语、勇士出征、柳絮、群鸟鸣叫、单个凤凰，每个比喻前后再用示现，对其进行更具体的描摹。"天地阔远随飞扬"和"跻攀分寸不可上，失势一落千丈强"参以夸张和通感，不但将琴声的特色及其高低起落的变化形象而生动地表现了出来，而且赋予了丰富的感觉和人的情感。"昵昵""划然""喧啾"等拟声词的使用，增强了对琴声形象和情韵的表现。

诗的后八句，写诗人听弹琴的反应和感受，用映衬从侧面烘托琴声的优美动听和感人至深。"起坐""推手""遽止"等动作描写使诗人的心理反应得以外化。末二句用通感，以感叹句的形式，将感叹和描述融在一起，表现琴声对情感起伏的刺激之剧烈、反差之巨大，像冰和炭先后置于肠内。

从韵脚选择的角度看，这首诗将细声韵和洪声韵的使用与所描摹音乐声音的变化协调起来。前面轻微低沉的声音用"女""语""尔""汝"等细声韵，后面昂扬激越的琴声则改用"昂""场""扬""凰"等洪声韵。另外，五言和七言交错运用，也与琴声的疾徐断续相配合。这使得诗歌在声音形式和语义内容的结合上达到了有机的统一。

李杜文章在，光焰万丈长。不知群儿愚，那用故谤伤！蚍蜉撼大树，可笑不自量。伊我生其后，举颈遥相望。夜梦多见之，昼思反微茫。徒观斧凿痕，不瞩治水航。想当施手时，巨刃磨天扬。垠崖划崩豁，乾坤摆雷硠。惟此两夫子，家居率荒凉。帝欲长吟哦，故遣起且僵。剪翎送笼中，使看百鸟翔。平生千万篇，金薤垂琳琅。仙官敕六丁，雷电下取将。流落人间者，太山一毫芒。我愿生两翅，捕逐出八荒。精诚忽交通，百怪入我肠。刺手拔鲸牙，举瓢酌天浆。腾身跨汗漫，不著织女襄。顾语地上友：经营无太忙！乞君飞霞佩，与我高颉颃。（韩愈《调张籍》）

这首诗评论李杜的诗歌成就，表达高度的赞美和倾慕之情。修辞上不用对偶，主要借助句法修辞和夸张、比喻、示现、映衬等，形象说理，直抒胸臆，言语风格明快、刚健。

首二句用夸张总括李杜文章的伟大成就。接下来四句用感叹句和比喻格，讽刺一般文人不知自己的愚昧，反而对他们诋毁中伤，就像"蚍蜉撼大树"一样不自量力。

"伊我"起的十句，描绘诗人对李杜风采的追寻。"斧凿痕"和"治水航"分别比喻作品中的局部加工和整体构思；"想当施手时，巨刃磨天扬。垠崖划崩豁，乾坤摆雷硠"用示现和比喻，借大禹治水的想象逼真描绘、映衬李杜作品的创作过程。

"惟此"起的六句，表现李杜生前的不遇。用示现，将他们的不幸遭遇想象成天帝的安排；用比喻，把他们比作被剪了羽毛囚禁在笼中的鸟儿。

"平生"起的六句，叙述李杜诗文的散佚。同样用的是示现，想象他们千万篇金玉般珍贵的诗歌，大多被收上了天，只留下了极少数在人间，仅相当于泰山的毫末。"金薤垂琳琅"和"太山一毫芒"均用比喻，凸显其珍贵和稀少。

"我愿"起的十二句，写诗人对李杜的努力追随和对朋友的寄望。前两句说希望长出翅膀去寻找，后六句用示现描写与前辈诗人神交的景象：千奇百怪的诗境进入头脑中。最后四句，诚恳地希望老友和自己一起向李杜学习，高高地翱翔在诗歌的天空中。

二、着力于评议功能发掘的近体诗修辞实践

"以文为诗"在韩愈近体诗创作中的体现，主要是注重修辞的主观表现功能，赋予诗歌独特而鲜明的评议色彩。诗中较多地借助于比喻、比拟、映衬、夸张、形容词语等比况类修辞手法，辅以对偶、排比、设问、感叹、虚词多用、句法变奏等特殊句法形式，讲求说理的形象性和达意的曲折性。

火透波穿不计春，根如头面干如身。偶然题作木居士，便有无穷求福人。（韩愈《题木居士二首》其一）

韩愈近体诗中，七绝占较大比重，一般不使用对仗联。这首诗咏物寓意，影射现实，有很浓的讽刺意味。修辞上主要借助比喻、映衬、夸张，委婉达意，言语风格含蓄、幽默。

一方面，整首诗相当于一个篇章层面的借喻，木居士的奇遇喻指现实社会中乔装改扮者通过投机钻营获得成功。另一方面，"根如头面干如身"也用了两个句法结构层面的明喻。除比喻之外，诗歌的讽刺意味还源于木居士前后命运的滑稽对比，"偶然""题作"居然是其命运奇迹般改变的契

机，而"求福人"的络绎不绝则是促成这一改变的根本，"无穷"正是对这一现象的夸张表述。诗人讽刺、针砭的是不正常的社会现状以及造成这一不正常现象的社会根源，因而带有一定的普遍意义。

猿愁鱼踊水翻波，自古流传是汨罗。蘋藻满盘无处奠，空闻渔父扣舷歌。（韩愈《湘中》）

这首诗别具匠心，从"无处奠"角度来表现深沉的吊古伤今之情。修辞上主要借助词语修辞和倒装、拟人、映衬、用典，写景衬情，言语风格含蓄、谨严。

"猿愁鱼踊水翻波，自古流传是汨罗"用倒装句法，突出景物；"猿愁鱼踊水翻波"用排比，表现哀愁激荡的氛围，"猿愁"拟人；"蘋藻满盘无处奠"，浮蘋水藻四处都是，却找不到屈原投江的遗迹，因而无处可祭奠；"空闻渔父扣舷歌"，化用典故，以渔歌的不变映衬历史的变迁。"无处奠"和空闻渔歌，是本诗情感的寄托和出口，凭吊屈原贾谊嗟伤今日的自己，寄寓了诗人遭贬后满腔激愤愁怨无处诉说的抑郁之情。

新年都未有芳华，二月初惊见草芽。白雪却嫌春色晚，故穿庭树作飞花。（韩愈《春雪》）

这首诗以新巧的构思取胜，表现春雪的美好而有灵性。修辞上主要借助词语修辞和拟人，写景显趣，言语风格平淡、谨严。

前两句写对春的盼望。"都未"和"初惊"，一抑一扬，"惊"有惊喜意，见草芽而惊喜，见出诗人对春色的偏爱。前两句写景反衬内心盼望春天回归的急切之情；后两句写下雪的情趣，用拟人，"却嫌""故穿"将雪人格化，表现其比人更着急让人们见到春花的开放，于是有意地穿过"庭树"带来"飞花"。

草树知春不久归，百般红紫斗芳菲。杨花榆荚无才思，惟解漫天作雪飞。（韩愈《晚春》）

这首诗写晚春时节万紫千红的繁盛景象，慧眼独具地对"无才思"的"杨花榆荚"予以高度的肯定和褒扬。修辞上主要用拟人、借代、反语和映衬，赋予普通的物理以人情和哲思，言语风格含蓄。

首二句总说，"草树"概括所有草本和木本植物，"知""斗"是拟人的用法，赋予草树以人的知性、情感、动作，"百般"以实代虚用借代，"红紫"借代花。这两句意指各种各样的花都在春天即将过去的最后时节竞相展示自己的芳香和美艳。

后两句专写，"无才思"应该理解为用反语。在世俗人眼里，杨花榆荚的色彩、香味与那些大红大紫、色彩鲜艳、芳香浓郁的花相比，的确很寻常，显得没有过人之"才思"；但在诗人笔下，它们能够"漫天作雪飞"，不但有洁白的色彩、充足的数量，而且有不畏人言的胆识和敢于牺牲的奉献精神，而这些岂是那些拥有所谓"才思"的名花珍卉、奇花异草可以相比、相"斗"的？"惟解"强调的是专注于认定的事情、努力的目标，并不意味着只知道、只懂得的愚痴。因而，后两句其实是用貌似揶揄调侃的语气，表现对"杨花榆荚"充分的肯定和赞赏。

前两句写百花争奇斗艳，实际上是为后两句写杨花榆荚作铺垫和映衬，诗人借此所寄寓的既是一种不同寻常的审美观：美不仅是表露在外的所谓"才思"，还是蕴藏于内的可贵品质，更是一种超越世俗的人生观，主张人皆有才，各尽所能，各为所用。

天街小雨润如酥，草色遥看近却无。最是一年春好处，绝胜烟柳满皇都。（韩愈《早春呈水部张十八员外二首》其一）

这首小诗写早春风光，流露欣喜之情。修辞上主要借助词语修辞和比喻、映衬，凸显景物特征，表现诗人的情感态度。

首二句写天街的小雨和草色，"润如酥"用比喻，表现雨的细腻、滑润；"草色遥看近却无"表面矛盾，实则准确刻画了最能代表早春特色的草芽初生的特点：稀稀疏疏地散布地面，色彩淡淡的，所以近看还不如远看那么明显。这是一种淡雅、朦胧的美。

后两句用映衬，先肯定前面所写的初春小雨下新生的似有若无的"草色""最是一年春好处"，再拿"烟柳满皇都"来对比。诗人之所以认为"绝胜"，是因为新生的"草色"最具早春的特色和美质，最能代表生机和希望。"好""绝胜"带有明显的主观色彩，表现了诗人的偏好和喜爱。

山净江空水见沙，哀猿啼处两三家。筼筜竞长纤纤笋，踯躅闲开艳艳花。未报恩波知死所，莫令炎瘴送生涯。吟君诗罢看双鬓，斗觉霜毛一半加。（韩愈《答张十一功曹》）

韩愈的七律并不多，对仗联较多使用流水对，此诗即景抒怀，言语风格含蓄、谨严。修辞上主要借助词语修辞、句法修辞和映衬、婉转，揭示景物特点，委婉表达内心深处的忧思，排比、对偶构成的整句与散句交错，协调音律节奏。

诗的前四句写景。前两句写全景，"山净江空水见沙"用排比，突出开阔澄澈，使语义更密集；"哀猿啼处两三家"说明人烟稀少。颔联写近景，用叠字对兼反对，展示两个特写镜头："竞"与"闲"相对，传达了神情；"纤纤笋"和"艳艳花"相对，增添了色彩。全景和特写、远景和近景彼此映衬，整体呈现"静"和"闲"的特点。写景又与诗人心境的不静、不闲形成映衬。

诗的后四句写情，都用婉转，含蓄抒情。前两句用流水对，用"炎瘴"指代眼前遭遇的困境，用未报君恩、未知死所，表达仍然对人生寄予希望，不愿意在"闲""静"中虚度余生。后两句用鬓毛变白代指愁怨，委婉地表达在读了"你"的来信后，激起了"我"无尽的怨愤和哀愁。

一封朝奏九重天，夕贬潮州路八千。欲为圣明除弊事，肯将衰朽惜残年！云横秦岭家何在？雪拥蓝关马不前。知汝远来应有意，好收吾骨瘴江边。（韩愈《左迁至蓝关示侄孙湘》）

这首诗写于诗人上《论佛骨表》遭贬之后，即事抒情，寓情于景，抒发了诗人慷慨而悲凉的复杂感情。修辞上主要借助句法修辞和映衬、设问、用典，以时间为序，在直叙的基础上结合写景、抒情，言语风格刚健、明快。

首联叙述上奏被贬，"朝奏"与"夕贬"、"九重天"与"路八千"形成鲜明的对照，诗意概括而情感深沉。

次联用设问（反问）加强肯定的语意，坚定表明自己的看法和态度，"除弊事"意味着坚持自己是正确的，"欲""肯"各带两个"一六"变奏句相配，强调坚守信念、不惜生命的决心。

颈联用设问（问而不答）、映衬和用典，"云横秦岭""雪拥蓝关"凸显了景象的壮丽而隐藏凶险，映衬"家何在"和英雄失路的悲情；"马不前"化用乐府诗句，以马衬人，暗示远别亲人、前途未卜的伤痛凄凉。

尾联用典，从容述说已经做好了死在贬所偏远之地的心理准备，语调平和而感情沉痛。

从句法修辞角度看，该诗中二联用对偶，一为流水对，一为正对，颔联又包含一个感叹句（有很强的反问语气），颈联又包含一个设问句。这就使得全诗在整饬中有流动，平稳中有波澜，语意表达有密有疏，节奏有张有弛。

"以文为诗"作为诗体修辞的革新，在唐代除了杜甫、韩愈的主动作为外，在其他诗人那里尤其是中晚唐诗人中也得到了不同程度的响应，到宋代得以扬弃和发展，最终造就了一朝一代之共同风气。由唐及宋，其中的桥梁无疑当归属韩愈。杜诗是宋诗的源头，在转变盛唐诗风和"以文为诗"的修辞创新方面具有肇始和示范作用。韩愈则以其"自树立，不因循"的革新精神和勇气，少有顾忌地打破古典诗句的定式。虽然难免有失败，但他所作的各种大胆尝试，总体上有力地推动了宋诗修辞的成功转型。

韩愈对诗歌修辞的历史贡献，当得叶燮的这段评价："唐诗为八代以来一大变，韩愈为唐诗一大变，其力大，其思雄，崛起特为鼻祖。宋之苏、梅、欧、王、黄，皆愈为之发其端，可谓极盛。"（《原诗》）

参考文献

1. 陈伯海. 唐诗汇评［M］. 杭州：浙江教育出版社，1995.
2. 段曹林. 唐诗修辞论［M］. 北京：中国社会科学出版社，2014.
3. 段曹林. 唐诗语法修辞研究［M］. 北京：中国社会科学出版社，2021.
4. 刘学锴. 唐诗选注评鉴［M］. 郑州：中州古籍出版社，2013.
5. 俞平伯，等. 唐诗鉴赏辞典［M］. 新一版. 上海：上海辞书出版社，2013.
6. 中华书局编辑部. 全唐诗［M］. 增订本. 北京：中华书局，1999.

"Taking Text as Poetry": The Innovation and Contribution of Han Yu's Poetic Rhetoric

Duan Caolin

(*College of Literature*, *Hainan Normal University*, *Haikou*, 571158)

Abstract: The innovation and contribution of Han Yu's poetic rhetoric is highlighted in the inheritance of the tradition of "taking text as poetry". It not only expands and enhances the rhetorical practice of "taking text as poetry" pioneered by Du Fu in Lü-poetry, but transplants the syntax, plot method, and ideographic method of prose practice into Guti-poetry as much as possible, and borrows the evaluation method that prose is good at to Jinti-poetry. These conscious rhetorical explorations directly affected the expansion and enhancement of poetic artistic expression in the middle and late Tang and Song dynasties.

Key words: Han Yu, poetic rhetoric, taking text as poetry, historical contribution

论先唐赠物述志诗的修辞策略

石　容①

（武昌首义学院新闻与文法学院　武汉　430070）

摘　要：赠物述志诗由赠物诗演化而来，指通过书写馈送礼物以述说理想、抱负、志气、品格等理性意志的诗歌。汉魏时期，赠物诗的三要素——所赠之物、礼物授受人、赠物行为——被虚化、泛化、譬喻等表达技法处理，促进了赠物述志诗的产生。本文主要从所赠之物的虚化，礼物授受人的虚化，"赠""遗"等具体动词的泛义化，赠物行为的譬喻四个方面阐述先唐赠物述志诗的修辞策略。

关键词：先唐诗歌；赠物诗；赠物述志诗；修辞策略

礼物馈赠是古代先民的习俗，古人用诗歌抒写"赠物"的历史相当悠久。"赠物诗"这一概念晚至初唐才见于诗格之中，且原著多散佚，主要凭借日僧空海《文镜秘府论》保存，是书援引唐人诗格作《八阶》，其二即为"赠物阶"，是现存最早提出诗歌中存在"赠物"这一门类的著述。两宋以降，始有诗歌选本如旧题刘克庄编《分门纂类唐宋时贤千家诗选》、王洙注《分门集注杜工部诗》、旧题王十朋编《王状元集注分类东坡先生诗》等专设"惠贶""投赠""馈送"，收录了不少赠物诗。

当今学界侧重研究赠送具体实物的诗歌。张旭蓉《汉魏六朝赠物诗研究》、李苒玉《浅谈唐代赠物诗》梳理了赠物诗的发展史，总结了常用的礼物兴象和"代赠""交赠""欲赠不得增"等具体赠物形式。高语汐《先秦与汉魏赠物寄情诗比较研究：以〈诗经〉〈古诗十九首〉选篇和〈赠好诗三首〉为例》，黄晓珊、秦晓华《魏晋六朝诗对"赠物寄情"的继承与发展》，金鑫《乐府诗与〈诗经〉赠物抒情之比较》则在此基础上专研"赠物寄情诗"，即主旨是传递爱情、亲友情、别情等主观情感的赠物诗。

本文将"赠物诗"界定为内容包含将具体或抽象的礼物赠予他人的诗歌。笔者提出的"赠物述志诗"指由赠物诗演化而来，通过书写送礼物以述说理想、抱负等理性意志的诗歌，如张衡《四愁诗》、陶弘景《诏问山中何所有赋诗以答》等。卢盛江校考《文镜秘府论汇校汇考》认为赠物诗

---

① 作者简介：石容，文学硕士，武昌首义学院新闻与文法学院助教，研究方向为写作学。

就是"借写赠物以述志"①。"述志诗"之"志"指"较为狭义的志向"，即"理想、抱负，以及与理想抱负密切相关的高尚道德、贞洁品格、浩然正气等风节和操守"②。赠物述志诗不同于学界着重研究的赠物寄情诗，前者具有明显的理性色彩和较多的功利性；后者则主观情感更加鲜明，没有明显的理性色彩，具备较少的功利性。但二者也不是割裂的，诗歌的本质在于抒情，任何优秀的诗歌都不能完全摆脱抒情，述志当寓于抒情之中。从这个角度看，述志诗亦是抒情诗，但抒情诗不一定是述志诗。先秦赠物诗均为赠物寄情诗，赠物述志诗是在其基础上产生于汉魏时期，在赠物诗中占据重要地位。

从修辞策略的角度看，赠物诗是以叙事的形式表现其主旨，必然具备人物、行为、事件等叙事要素，体现在赠物诗中即为所赠之物、礼物授受人、赠物行为。赠物寄情诗的主旨大多是通过所赠之物本身所寄寓，而赠物述志诗则是在此基础上，用虚化、泛化、譬喻等表达技法处理其三要素以增强诗歌的蕴藉性，表达更深一层的理性意志。赠物述志诗工于雕琢，成就较高，与赠物寄情诗并存又独成一体。对于赠物述志诗及其修辞策略的研究是完善先唐文学史的必要环节，亦对如何提升文学作品蕴藉性、如何提升诗歌凝练性的写作方法论研究具有重要意义。兹述如下：

一、所赠之物的虚化

所赠之物的虚化是指将日常生活中不能作为礼物的事物用作礼物。先唐赠物诗中出现的礼物往往有着比较固定的情感寄托，比如"芍药"指代婚约，是爱情的固定兴象；"尺牍""双鱼"则常用以指代思念、思归之情。这些事物即便从诗中独立出来，因为能与古人的文化习俗或生活经验相结合，其寓意也大体稳定，大体可以分为如下几类：一是草木瓜果，如《静女》中的"荑""彤管"，《木瓜》中的"木瓜""木桃"；二是善兽良禽，如傅玄《拟四愁诗》中的"比目鱼""同心鸟"；三是首饰器物，如《渭阳》中的"琼瑰""玉佩"，张衡《四愁诗》中的"琴琅玕""双玉盘"；四是服裳被衾，如吴均《结客少年场》中的"锦衣"，鲍令晖《代葛沙门妻郭小玉作诗》中的"双题锦"；五是书信尺牍，如《古诗十九首》中的"双鲤鱼"、刘铄《拟古》中的"千里书"；另有少数日用品、食品、乐器等。其共同特色在于大多是寄寓亲情、友情、别情等主观情

① 遍照金刚.文镜秘府论汇校汇考［M］.卢盛江，校考.修订本.北京：中华书局，2015：10.
② 李世琦.星辰耿耿照汗青：古代述志诗浅论［J］.语文学刊，1997（3）：9-10.

感，除去极个别的如江淹《从军行》"故人赠宝剑，镂以瑶华文"中的"宝剑"、庾肩吾《新林》"欲持汉中策，还以赠征人"中的"汉中策"以外，少有能包含理性寄托的。因为现有的所赠之物大多不能用以述志，先唐诗人为了达到修辞目的，便不再从日常赠物习俗中摭采现有的礼物意象，而是创造新的、虚化的礼物兴象，把不能用作礼物的自然事物与抽象事物当作礼物，书写出现实中不可能完成的赠物行为。此类礼物意象为先唐诗人初创，唐代以后大量产生。

将本不能用作礼物的自然事物赠予他人，诗人在诗中赋予了这些事物以特定的寓意。陶弘景《诏问山中何所有赋诗以答》：

山中何所有，岭上多白云。只可自怡悦，不堪持寄君。

白云是自然事物，不具备具体物态，不能为人私有，没有固定的情感寄托，读者不能用生活经验理解其寓意。据《事文类聚》记载，陶弘景隐居华阳后，高祖欲其出仕，便诏问之曰山中何所有，陶以此诗答之。盖白云是隐居之处的景物，被用作隐居生活的象征，寄寓着作者的归隐之志，只可自娱不可赠君，意即皇帝无法理解隐居之乐，表达了诗人对摒弃黑暗政治、谢绝出仕的高洁志向。北宋释惟政改此诗为《送僧偈》，亦为阐述道德操守的述志诗。

与之类似的礼物还有"月"和"月光"，南梁刘缓《新月诗》："仙宫云箔卷，露出玉帘钩。清光无所赠，相忆凤凰楼。"诗人以月光相赠，为后世赠物述志诗开辟了文思，作出了虚化礼物的尝试。明人李东阳《送王公济归武昌歌》：

丈夫离别各有志，不学世上儿女声嗷嗷。赠君明月为钩虹作线，归向江头掣巨鳌。

将所赠明月比作可以擒掣巨鳌的鱼钩，直截了当地展现了作者的壮志豪情与对友人的不俗祝愿。明末清初屈大均《梧树》：

可怜梧树枝，孤凤日相思。亦有瑶台月，含光欲赠谁。

屈大均为翁山派创始人，终身不食清粟，其诗宗屈原、杜甫多以爱国为主题。此诗表面写夜深孤寂、知音难觅，实际上与岳飞《小重山》深夜起身徘徊"欲将心事付瑶琴"异途同归，是对杀贼志向的述说和壮志难酬的悲叹。

将本无价值的自然事物赠予他人，诗人赋予了这些事物新的价值。沈约《咏青苔诗》最先将"青苔"用作礼物，云其"萦郁无人赠，葳蕤徒可怜"，也为后世赠物述志诗开辟了文思。唐人钱起《蓝上采石芥寄前李明府》：

> 渊明遗爱处，山芥绿芳初。玩此春阴色，犹滋夜雨余。隔溪烟叶小，覆石雪花舒。采采还相赠，瑶华信不如。

据《普济方》："石濡，一名石芥。"《本草纲目》："盖苔衣之类有五，在水曰陟厘，在石曰石濡，在瓦曰屋游，在墙曰垣衣，在地曰地衣。"可知"石芥"为石生苔藓的别称，与谢朓所咏当为同一物，山中俯拾皆是，难有价值可言。作为隐居之处的典型景物，钱起赋予其新的含义，将之视为陶潜等人精神风度的象征，以之赠人实质是对以陶渊明为代表的孤傲高洁人格的认可和述说。

将抽象概念用作礼物，使理论上任何事物都具备在诗歌中成为礼物的可能性，大大拓宽了赠物诗的表意能力。吴均《咏怀诗》：

> 野战剑锋尽，攻城才智贫。唯余一死在，留持赠主人。

以死相赠，直抒胸臆，体现了作者不惧身死、舍生取义的人格精神。

在先唐的基础上，唐代以后赠物述志诗的礼物意象又进一步拓展，有以典故中宝物送人的，如李白《赠友人》："袖中赵匕首，买自徐夫人。……持此愿投赠，与君同急难。"有以气息赠人的，如唐张说《送宋休远之蜀任》："缀我平生气，吐赠薄游人。"有以清香赠人的，如唐末虚中《芳草》："欲采兰兼蕙，清香可赠谁。"而究其修辞策略，与先唐诗人无异，均是对其要素所赠之物的虚化。

二、礼物授受人的虚化

先唐赠物述志诗的另一修辞策略是虚化赠物双方，即将现实生活中不存在的人或不能作为授受人的事物虚构成赠物双方。如果赠物诗的赠物双方是现实生活中的人，往往不具备特殊的含义。而在赠物双方虚化后，诗中的赠物行为成为现实中不可能、无条件发生的，读者不能只依靠以往的审美经验而必须通过赠物双方的特定寓意才能理解其思想内容。虚化的赠物双方增强了赠物诗的表意能力，也为述志创造了可能性。

赠物述志诗中的虚构人物以美人和神仙最为常见。美人意象源于楚辞，是明君贤臣、美好政治的固定兴象，汉魏以后始有诗人将之用于赠物述志诗。屈原以追求美人象征追求美政，而先民自西周以来便有"赠物以结好"的习俗，自然而然也就产生了用与"美人"交赠象征追求政治理想的述志诗。张衡《四愁诗》模仿《离骚》"三度求女"作"四求美人"，其诗云：

> 美人赠我金错刀，何以报之英琼瑶。

《文选》注之云："（张衡）依屈原以美人为君子……思以道术相报贻于时君，而惧谗邪不得以通。"屈原以宓妃、佚女喻贤臣，所求之女均早屈原数百年，是虚化的受物人；张衡则用四度求赠美人而不得述说自己壮志难酬，"美人"亦为虚化人物。

再如谢朓《杂咏五首·落梅》：

> 亲劳君玉指，摘以赠南威。

南威是春秋时期晋国的美女，早谢朓数百年，《战国策·魏策二》："晋文公得南之威，三日不听朝，遂推南之威而远之。"先咏梅再云赠梅于古时美人，盖承扬风雅，以"南威"喻美政、君子，是诗人陷入官场困境后对政治理想的含蓄抒发。

又如曹丕《秋胡行》：

> 俯折兰英，仰结桂枝。佳人不在，结之何为……灵若道言，贻尔明珠。企予望之，步立踟蹰。佳人不来，何得斯须。

表面写期盼佳人到来，欲赠之以礼，实际上是以佳人喻贤才，表达了对贤士的渴求。

赠物诗中的与美人交赠，实质是对香草美人形象的发展，后世亦有相当数量以美人喻志的赠物诗，如王维《椒园》"桂尊迎帝子，杜若赠佳人"，李白《折荷有赠》"佳期彩云重，欲赠隔远天"，都体现出楚辞对赠物诗的重要影响。

将神仙、神女等作为礼物授受人，最早见于《九歌》中的《山鬼》《大司命》等，均非述志诗，多是为充实神仙神女形象而作。汉魏诗人始以此述志，早期大多与游仙诗结合，如曹操《气出唱》：

愿得神之人，乘驾云车，骖驾白鹿，上到天之门，来赐神之药。

《善哉行》：

仙人王乔，奉药一丸。

隋代无名氏《化胡歌》：

九重室中得见不死童。身体绝华丽，二仪中无双。遗我元气乐药。

这些诗均借描写与神仙交游、赠物，表达诗人渴望长生、祈愿升仙的思想观念。

曹植《远游篇》：

夜光明珠，下隐金沙。采之谁遗，汉女湘娥。

其中女神亦属楚辞美人兴象，诗人用赠宝珠于湘汉女神述说政治理想。

南朝周舍《上云乐》则是较特殊的一首，其诗云：

周帝迎以上席，王母赠以玉浆。

是诗描述宫廷乐舞的恢宏场景，用神仙入宴歌颂皇帝功德，体现了诗人的忠君思想。

后世同类诗作的神仙形象逐渐细化、具象化，进一步增强了赠物述志诗的形象感和辞藻美，如李白《上清宝鼎诗》"龙子善变化，化作梅花妆。赠我累累珠，靡靡明月光"，陈宗道《送戴石屏归天台》"诗情不减流白云，千载重见戴叔伦……醉骑白鹿军峰下，一见赠我青瑶琚"。

唐人延循虚化礼物授受人的策略，开辟出了与用典结合、赠物于典故中人物的述志方式，为赠物述志诗增加了更多理趣，如张昌宗《少年行》"白璧赠穰苴，黄金奉毛遂"，苏颋《赠司徒豆卢府君挽词》"宠赠追胡广，亲临比贺循"。

将自然事物虚化成授受人的赠物述志诗最为清致独特，读者需要结合诗意发掘诗人赋予赠物双方的特定含义。谢朓《泛水曲》：

> 日晚厌遵渚，采菱赠清漪。

"清漪"为自然事物，赠之以"清漪"当为何意？且菱本生于清漪之中，何故言赠？今人多言《泛水曲》正为"风景不殊，正自有山河之异"的山水诗，蕴含了谢朓对黑暗政治"金刚怒目"式的反抗，"采菱赠清漪"的隐语当为所采之菱并无明君贤臣可赠，只可赠诸清漪，付诸东流。如果赠菱于具体的人，那么诗歌主旨大体就是以礼寄情，而赠之于虚化的受赠者"清漪"，使读者无法从赠菱行为本身理解诗歌主旨，必定要发掘赠物双方的特定含义，促使读者关注诗人的环境和经历，从而发现其理性意志。一说此处"采菱"当指古曲《采菱》，解作虚化手法亦通。唐人钱珝亦有文思相近的诗作，其《江行无题一百首》其八十二诗云：

> 远岸无行树，经霜有伴红。停船搜好句，题叶赠江枫。

《唐音统签》记此诗盖写于"珝自中书谪抚州"，其意在于独自泛舟于河，心中佳句无人可赠，只能记之于叶片，权当赠诸江枫，实质是对壮志难酬的述说。

总体来看，如果礼物授受者均为现实生活中的人，赠物诗主旨很难超脱礼物本身寄托的情感。将授受双方虚化，读者就不能只以"赠物结好"理解这些诗歌，而必须与虚构人物的特殊形象联系起来。

三、"赠""遗"等具体动词的泛义化

先唐古诗中指称赠物行为的动词主要有"赠""遗""贻""馈""送""问""投""报"等，词义相近，均指各种形式的无代价的馈送行为。而先唐赠物述志诗还可以通过泛化诗中此类动词，使其具体语义不只停留在原本的"馈送"上，而是接近泛义动词如现代汉语中的"做""弄"，从一个表示某一具体动作的动词转变成一个能够在具体语境中替代其他许多具体的动词，为表达更深一层的理性意志创造了可能性。

先唐赠物诗已开始泛化动词"赠"以提升赠物诗的蕴藉性，但其中赠物述志诗的数量不多。"赠"的泛化最早见于屈原《湘夫人》："捐余袂兮

江中，遗余褋兮澧浦。"学界多将"遗"字训作"赠予"①，但据行文通例，此句与上句对偶，"遗"字与"捐"字相对，当有"捐弃"之义。"遗"不但当作具体动词"赠予"使用，而且一定程度上实现了泛义化，有了特殊的语用义。再如《悲与亲友别》："悲与亲友别，气结不能言。赠子以自爱，道远会见难。""自爱"是个人品行，没有物态，不可相赠，此"赠"字当有"劝勉""教导""祝福"等语用义，意即愿君自爱以劝勉之，便以"自爱"相赠。

能以此述志的赠物诗为萧衍《游钟山大爱敬寺诗》：

以我初觉意，贻尔后来贤。

以"意"赠人，是对"赠言"的陌生化重构，将自己信奉的禅理"赠"予身后贤人，亦是将"赠"泛化作"教"。"赠意"实为"言教""传教""训诫"，是诗人对崇佛信禅思想的述说，与谢灵运的"寄言摄生客"有异曲同工之妙。后世泛化"赠"等动词的赠物诗亦多以抽象的意志相赠，使赠物诗与赠言诗、酬答诗相交融，如王昌龄《何九于客舍集》："此意投赠君，沧波风裊裊。"孙星衍《赠钮大》："赠我中都志，祖德在旧编。"

四、赠物行为的譬喻

譬喻也是先唐赠物诗实现述志化的方式。此处"譬喻"是指将诗歌中的赠物行为作为喻体，以比喻有类似特点的概念或事件，这与两汉时期的儒家文论密切相关。

《毛诗序》认为《诗经》中的赠物诗如《溱洧》《摽有梅》《野有死麕》等大多是述志诗，其策略是以诗歌中的"赠物行为"譬喻。如《木瓜》，朱熹《诗集传》认为是"男女相赠答"的情诗，今人多从此说，而《毛诗序》则认为："《木瓜》，美齐桓公也。卫国有狄人之败，出处于漕，齐桓公救而封之，遗之车马器物焉。卫人思之，欲厚报之，而作是诗也。"即投木报琼只是喻体，本体则应是卫人立志还报齐桓公，两者存在投报这一相似处，故以之譬喻。再如《野有死麕》，今人多将其解读为一首大胆率真的情诗，《毛诗序》则云其盖"恶无礼也"，用男女私下相诱赠礼来譬喻强暴相陵的无礼淫风，是对周礼的追求和对无礼的讽刺。这种解读受到了后世一些学者的肯定，如日本学者小西甚一《文镜秘府论考·研究篇》

---

① 屈原. 屈原赋译注 [M]. 袁梅，译注. 济南：齐鲁书社，1984：1.

即云："（赠物诗）名称似指这个意思，但实质上是譬喻体。"①

《诗序》背后史事难以考实，今人多不从其说，但确实对后世的赠物诗创作产生了一定的反作用，使一些汉魏六朝文人循着"赋诗言志"的传统自觉地创作赠物述志诗。王筠《有所思》：

> 丹墀生细草，紫殿纳轻阴。暧暧巫山远，悠悠湘水深。徒歌鹿卢剑，空贻玳瑁簪。望君终不见，屑泪且长吟。

此诗题目与所赠之物"玳瑁簪"均出自汉乐府《有所思》，表面是写盼君归来的思妇诗，但"丹墀""紫殿"均为皇室之物，实为用思妇盼归隐喻诗人报效南梁的志向。

曹植《朔风诗》：

> 子好芳草，岂忘尔贻。繁华将茂，秋霜悴之。君不垂眷，岂云其诚。秋兰可喻，桂树冬荣。

此诗作于曹植复还雍丘之后，表面是述说思妇赠予游子的兰桂熬不过秋冬代序，但其心不萎，实际上是借思妇之口，以女子忠贞不渝譬喻自己对君王没有二心，纵有秋霜也不能摧折骨气。

后世以"赠物"喻志的诗歌亦践行了两汉儒家文论，且常与"美人""君子"等传统述志意象结合，代表作如李穑《立秋》：

> 丈夫悲秋固有志，何况甲兵犹未已。银汉迢迢岂容挽，抚剑哀歌中夜起。年光如流人事违，白露不禁芝兰萎。采之欲以赠美人，只隔秋水长相思，如何不使吾心悲。

五、小结

综上所述，赠物述志诗工于语言雕琢，善于挖掘意象的多种意义，是一种以蕴藉美为主，将理性美与辞藻美结合起来，将深远的理性意志与寻常生活的赠物行为结合起来的诗歌形式。赠物诗的三要素即所赠之物、礼物授受人、赠物行为。赠物述志诗就是在赠物诗基础上，用虚化、泛化、

---

① 遍照金刚. 文镜秘府论汇校汇考 [M]. 卢盛江，校考. 修订本. 北京：中华书局，2015：10.

譬喻等表达技法处理赠物诗的三要素而成，其具体修辞策略有四：虚化所赠之物，将日常生活中不能作为礼物的事物用作礼物；虚化礼物授受人，将现实生活中不存在的或不能作为授受人的人或事物虚构成赠物双方；"赠""遗"等具体动词的泛义化，增加其具体语用义；赠物行为的譬喻，将诗歌中的赠物行为作为喻体，以比喻有类似特点的概念或事件。分析赠物述志诗修辞策略既有益于理解文学作品的深厚蕴藉，也有助于探究诗歌语言凝练的写作方法，对诗歌研究当不无裨益。

参考文献

1. 遍照金刚. 文镜秘府论汇校汇考 [M]. 卢盛江，校考. 修订本. 北京：中华书局，2015.

2. 陈望道. 修辞学发凡 [M]. 上海：复旦大学出版社，2008.

3. 黄晓珊，秦晓华. 魏晋六朝诗对"赠物寄情"的继承与发展 [J]. 珠江论丛，2020（2）.

4. 李世琦. 星辰耿耿照汗青：古代述志诗浅论 [J]. 语文学刊，1997（3）.

5. 刘勰. 文心雕龙注 [M]. 范文澜，注. 北京：人民文学出版社，1958.

6. 刘跃进. 文选旧注辑存 [M]. 徐华，校. 南京：凤凰出版社，2017.

7. 逯钦立. 先秦汉魏晋南北朝诗 [M]. 北京：中华书局，2006.

8. 马瑞辰. 毛诗传笺通释 [M]. 陈金生，点校. 北京：中华书局，1989.

9. 屈原. 屈原赋译注 [M]. 袁梅，译注. 济南：齐鲁书社，1984.

10. 王立. 情物意象与中国古代相思文学主题 [J]. 山东师大学报（社会科学版），1999（1）.

11. 王志芳. 投桃授黄 抛梅掷李：《诗经》赠遗兴象的民俗文化内涵 [J]. 滨州师专学报，2002（1）.

12. 张旭蓉. 汉魏六朝赠物诗研究 [D]. 上海：上海师范大学，2010.

13. 郑荣馨. 论修辞策略的概念 [J]. 江汉大学学报（人文科学版），2003（2）.

14. 朱自清. 诗言志辩 [M]. 扬州：广陵书社，2018.

The Rhetorical Strategies of Gift-giving Poetry with Aspirations in Early Tang Dynasty

Shi Rong

(*College of Journalism, Literature and Law, Wuchang Shouyi University, Wuhan, 430070*)

Abstract：he evolution of gift-giving Shuzhi poetry, which originated from traditional gift-giving poetry, refers to poetry that expresses rational will, such as ideals, aspirations, ambition, and character. In the late Han Dynasty, the three elements of gift-giving poetry—the gifts, the givers and recipients, and the act of giving—were treated with rhetorical techniques such as virtualization, generalization, and metaphor. This evolution promoted the emergence of gift-giving Shuzhi poetry. This article mainly discusses the rhetorical strategies of gift-giving Shuzhi poetry in the prior-Tang period from the following four aspects: the virtualization of gifts, the virtualization of givers and recipients, the generalization of specific verbs such as "Zeng" and "Wei", and the metaphorical representation of the act of giving gifts.

Key words: prior-Tang period poetry, gift-giving poetry, gift-giving Shuzhi poetry, rhetorical strategies

经济修辞学研究

附赠促销策略与配字修辞文本建构*

吴礼权①

（复旦大学中国语言文学研究所　上海　200433）

　　摘　要：商业营销中有一种附赠促销的手段，其目的是以小惠而博大利。修辞活动中有一种"配字"手法，性质类同于此。以配字手法建构的修辞文本，其最大的特点是语言的表达形式超出了语言实际表达内容的需要。也就是说，就表意而言，语言资源的配置供过于求。但是，从"投入—产出"的视点来看，配字实际上并不是徒然浪费语言资源，而是以有限的超量语言资源配置而追求预期的终极收益（修辞效果最优化的表现）。因此，从整体上看，配字仍然符合"成本—收益"的经济原则，也是一种以小惠而博大利的行为。

　　关键词：附赠促销；配字；修辞文本；资源配置；成本—收益

　　在一般人的认知中，也许会认为经济活动跟语言活动根本没有关系，自然就会认为经济学研究的内容跟修辞学研究的内容也没有关系。其实不然。"经济学研究的对象是生产、流通、分配、消费等环节的经营活动。经济活动追求的目标是：对稀缺有限的资源（包括生产资料、生活资料、资金等）作最适当的安排，从而获得尽可能大的利润（或曰收益）；修辞学研究的对象是人类交际在语言文字上的经营活动，也就是修辞活动。修辞活动追求的目标是：对现成有限的语言资源（包括语音、词汇、语法规则等条件）予以最合理的配置与使用，从而尽可能圆满地表达出人类最复杂的情感、最难穷尽的万事万物之理。"② 从这个意义上看，我们就会发现，"修辞学跟经济学并不是毫无瓜葛，而是有着惊人相似的一面"③。本文要讨论的商业营销活动中的附赠促销行为与修辞活动中的配字文本建构，在性质上就非常相似，因而值得我们换一个视角看问题。

---

　　* 本文是上海高校高峰高原学科建设基金资助项目"经济修辞学"的阶段性成果。

　　① 作者简介：吴礼权，文学博士，复旦大学中国语言文学研究所教授、博士生导师，日本京都外国语大学客员教授，中国台湾东吴大学客座教授，湖北省政府特聘"楚天学者"讲座教授。

　　② 吴礼权. 修辞：语言资源配置效果最优化的努力［J］. 淮北师范大学学报（哲学社会科学版），2023（2）：19.

　　③ 吴礼权. 修辞：语言资源配置效果最优化的努力［J］. 淮北师范大学学报（哲学社会科学版），2023（2）：19.

一、附赠促销

众所周知，旧商业时代已经基本结束了，现在可以说是进入了真正的电商时代。在中国商业之都上海，人们已经很少再到实体商店购物消费了。昔日上海南京东路、淮海中路、徐家汇、四川北路等繁华地段万商云集、店铺林立、人流滚滚的场面再也见不到了，能够见到的是这样一幕幕场景：人人捧着一部手机，或是眼睛盯着一个电脑屏幕，不停地刷屏，在电商搭建的虚拟商店里流连忘返。

不过，应该指出的是，尽管今日与昔日的营商环境完全不同了，但是营商套路依然如故。昔日，大街小巷的大小商店都有各种促销活动；如今，电商平台上的大小商家也有各种促销活动。虽然一个是在现实环境中，一个是在虚拟世界里，但促销有一个共同而普遍使用的手段，那就是打折或附赠。打折，大家都知道，只要我们跟商家打过交道，或是从不同的商家经过，或是上网店浏览过相关页面，都会听到或看到几折优惠的广告。其实，懂得个中奥妙的人都明白，这不过是个促销的手段而已。所谓的几折优惠，大多不会是亏本的买卖，只不过是商家先虚高定价，然后再以打折为名，将定价往下降一点而已，充其量只是薄利多销。这个商业小伎俩，人类大概用了几千年，尽管人人都知道是怎么回事，但由于有的人有贪小利的毛病，这就使得商家的打折小伎俩屡试不爽。附赠，其实是一种变相的打折。最常见的方式是，为了促销某一商品，商家打出"买一送一""买二赠一"之类的广告，以此招徕更多顾客，进而实现薄利多销的终极目标预期。其实，懂得个中商业秘密者都知道，所谓的"买一送一""买二赠一"，只不过是商家将商品出售总价进行拆分处理的一种做法。比方说，一件T恤衫进价是15元人民币，商家想每件赚5元。为了促销，他往往先将每件T恤衫标价为40元，然后再打出"买一送一"的广告。结果，他卖出了一件，送出了一件，最后一核算，赢利10元。商家亏本了吗？当然没有，而是每件T恤衫平均赢利5元人民币。如果商家因为"买一送一"的广告而每天卖出100件T恤衫，那么就会赢利500元。相反，如果商家不打出"买一送一"的广告，而是以每件T恤20元的售价正常售卖，他可能一天只能售出20件，每件赢利5元，共计赢利100元。两相比较，"买一送一"的营销策略明显更高明，经济效益是非常显著的。

其实，附赠还有一种方式，只是在中国不常见到。1999年与2005年，我两度在日本京都外国语大学担任客座教授（日语写成"客员教授"）时，就发现日本街头有另一种附赠促销的方式。我虽然不敢断定它是日本人的商业营销创意，但我觉得它确实是一种很好的商业促销手段。这种促销方式，不是在商店内直接打出"买一送一""买二赠一"之类的广告，而是将所要促销的商品或是推广的商业项目（如旅游景点、温泉酒店等）印在小包的餐巾纸上，或是印在设计精美的小纸扇上，让业余打工的女大学生在闹市区人流密集之地，见人就赠送一份。因为这是非常实用的东西，体积也小，被赠的路人拿在手上或放在包里都很方便，所以很少有路人拒绝其赠送行为。据我当时求证日本朋友得到的信息，以及我自己购买机票的经历，觉得这种附赠促销的效果非常好，堪称一种"以小本博大利"的商业创意。

在经济活动中，无论是直接打折的促销行为，还是"买一送一""买二赠一"之类的变相促销行为，或是类似日本人的附赠促销行为，究其本质来说，都是一种以较小的成本付出而博取预期最大收益的商业操作，符合"投入—产出"以少博多的经济原则。

二、配字文本

配字，是一种"为了企及韵律和谐效果，临时在某一字词前后添加字词以凑足音节"[①] 的修辞手法。以配字手法建构的文本，称为配字修辞文本。配字文本中添加的字词，"或为实词，或为虚词"[②]。配字修辞文本的建构，一般都是"基于以语词的双音节形式唤起接受者视听觉美感的心理预期"[③]。因此，一般说来，"这种文本的建构，在表达上多有偶复对称的效果，接受上则有均衡和谐的视听觉美感"[④]。

作为一种修辞手法，配字在汉语修辞实践中有着悠久的历史。只是作为一种特殊的语言现象，配字的本质在很长的历史时期内都未曾被学者们所认识。据中国台湾学者黄永武考证，就现有文献史料来看，最早关注配字这一语言现象的学者是魏晋时代著名经学家王肃。[⑤]《左传·昭公十三年》有一段文字记载："郑，伯男也。而使从公侯之贡，惧弗给也。"王肃为此段文字作了一条注疏："郑，伯爵，而连男言之，犹言曰公侯，足句辞也。"王肃注疏的意思是说，"郑国在周王朝的分封体系中是属于伯爵，而不是男爵。《左传》说到郑国而称之为'伯男'，是连带而及，就像说到

① 吴礼权. 现代汉语修辞学 [M]. 4 版. 上海：复旦大学出版社，2020：176.
② 吴礼权. 现代汉语修辞学 [M]. 4 版. 上海：复旦大学出版社，2020：176.
③ 吴礼权. 现代汉语修辞学 [M]. 4 版. 上海：复旦大学出版社，2020：176.
④ 吴礼权. 现代汉语修辞学 [M]. 4 版. 上海：复旦大学出版社，2020：176.
⑤ 黄永武. 字句锻炼法 [M]. 2 版. 台北：台湾商务印书馆，2000：124.

公爵连带而及侯爵一样"①。难能可贵的是，对于配字这种特殊现象，王肃不仅第一次作了说明，还专门给了它一个术语，叫作"足句辞"。时至唐代，"孔颖达在《毛诗郑笺》疏、《礼记郑注》疏、《左传正义杜注》疏中对这一语言现象也有所论及"②。之后，再次论及配字这一现象的是南宋学者陈骙。他在所著《文则》（中国第一部修辞学专著）一书卷上乙第四条中，专门对这一特殊的语言现象作了论述，曰："夫文有病辞，有疑辞。病辞者，读其辞则病，究其意则安。如《曲礼》曰：'猩猩能言，不离禽兽。'《系辞》曰：'润之以风雨。'盖'禽'字于'猩猩'为病，'润'字于'风'为病也。"不过，他用的术语是"病辞"，而不叫"足句辞"。再后来，"南宋学者王楙的笔记小说《野客丛书》、明代学者徐𤊸学综四部的杂考著作《笔精》，对此语言现象都有所提及"③。而到了明末清初，著名学者顾炎武再次提及配字这一语言现象时，举例更为详细了。他在所著《日知录》卷二十七"通鉴注"条有曰："愚谓爱憎，憎也。言憎而并及爱。古人之辞，宽缓不迫故也。又如得失，失也。《史记·刺客传》：'多人不能无生得失'。利害，害也。《史记·吴王濞传》：'擅兵而别，多他利害。'缓急，急也。《史记·仓公传》：'缓急无可使者。'……祸福，祸也。晋欧阳建《临终》诗：'潜图密已构，成此祸福端。'皆此类。"顾炎武之后，"另一位明末清初的大学者阎若璩在所著《尚书古文疏证》中，也论及这一语言现象"④。驯至清末，学者俞樾也注意到配字这一语言现象，并在其所著《古书疑义举例》卷二专列"因此以及彼例"一条，举例说明道："此皆因此及彼之辞，古书往往有之。《礼记·文王世子篇》：'养老幼于东序'，因老而及幼，非谓养老兼养幼也。《玉藻篇》：'大夫不得造车马'，因车而及马，非谓造车兼造马也。"可见，"相比于魏晋时代的王肃，南宋的陈骙，明清的顾炎武和俞樾对上古汉语中存在的这一语言现象看得更清楚。这从他们能举出一系列的例证，就能看出来。他们不像训诂家王肃那样，只在古书注疏时将这一现象作为个案'随文释义'式地指出来就算了结，而是将其视为一种语言现象予以观照，并试图从学理上进行阐释，只是他们最终都没能解释清楚，只以'读其辞则病，究其意则安'

① 吴礼权. 汉语"羡余"现象的本质及其修辞功能［J］. 江苏师范大学学报（哲学社会科学版），2020（1）：45.

② 吴礼权. 汉语"羡余"现象的本质及其修辞功能［J］. 江苏师范大学学报（哲学社会科学版），2020（1）：45.

③ 吴礼权. 汉语"羡余"现象的本质及其修辞功能［J］. 江苏师范大学学报（哲学社会科学版），2020（1）：45.

④ 吴礼权. 汉语"羡余"现象的本质及其修辞功能［J］. 江苏师范大学学报（哲学社会科学版），2020（1）：45.

'古人之辞，宽缓不迫故也'	'古书往往有之' 之类的含混之辞一笔带过而
已"①。当然，他们更不可能给配字这种汉语表达中的特殊现象一个科学的
术语。

时至20世纪30年代，现代学者黄侃对配字这一特殊的语言现象给出
了一个术语，名曰"配字"，并举例曰："古人文多用配字，如《出师
表》：'危急存亡之秋'，'存'字系配字；《游侠传·序》：'缓急人所时
有'，'缓'字系配字。"（《制言》第5期，章氏国学讲习所，1935年②）
而跟黄侃同时代的学者杨树达，则在其所著《中国修辞学》（1933年由世
界书局出版，1954年更名为《汉文文言修辞学》，由科学出版社出版）中
将配字这一语言现象名曰"连及"（见于第十四章），并将之分为四类：
"一、私名连及"，"二、公名连及"，"三、事名连及"，"四、物名连及"。
"私名连及"，如《左传·昭公三年》："昔文襄之霸也，其务不烦诸侯。"
杨树达按曰："孔疏云：襄是文公子，能继父业，故连言之。其命朝聘之
故，吊葬之使，皆文公令之，非襄公也。"③"公名连及"，如《左传·昭
公十三年》："郑，伯男也。而使从公侯之贡，惧弗给也。"杨树达按曰：
"杜注云：言郑国在甸服外，爵列伯子男，不应出公侯之贡。孔疏云：'王
肃注云：郑伯爵而连男言之，犹言曰公侯，足句辞也，杜用王说。'"④"事
名连及"，如《史记》卷百六《吴王濞传》曰："擅兵而别，多他利害。"
杨树达按曰："利害，害也。"⑤"物名连及"，如《易·系辞》曰："润之
以风雨。"杨树达按曰："风不能润物。"⑥ 不过，需要指出的是，"黄侃与
杨树达虽然给出了与王肃、陈骙、顾炎武等古代学者不同的术语，但所举
之例以及所作的解释都是因袭其旧，并没有自己的创见，良可惜也"⑦。20
世纪30年代，"除了黄侃、杨树达二人对王肃、陈骙、顾炎武等古代学者
提及的上古汉语表达中的配字语言现象进一步予以讨论并提出新的学术术
语外，还有一位重要学者黎锦熙也注意到这个问题，并从词汇学的角度提
出了一个完全不同的学术术语：'复词偏义'。今日我们很多《现代汉语》
教材与很多有关汉语词汇学的论著中所运用的'偏义复词'概念，就是源

① 吴礼权. 汉语"羡余"现象的本质及其修辞功能［J］. 江苏师范大学学报（哲学社会科学版），2020（1）：45.
② 黄永武. 字句锻炼法［M］. 2版. 台北：台湾商务印书馆，2000：124.
③ 杨树达. 汉文文言修辞学［M］. 北京：中华书局，1980：162.
④ 杨树达. 汉文文言修辞学［M］. 北京：中华书局，1980：164.
⑤ 杨树达. 汉文文言修辞学［M］. 北京：中华书局，1980：165.
⑥ 杨树达. 汉文文言修辞学［M］. 北京：中华书局，1980：167.
⑦ 吴礼权. 汉语"羡余"现象的本质及其修辞功能［J］. 江苏师范大学学报（哲学社会科学版），2020（1）：46.

于黎锦熙的说法"①。黎锦熙的说法见于他发表的学术论文《国语中复合词的歧义和偏义：古书疑义举例的理董和扩张》（《女师大学术季刊》1930年第1期）中，其文有云："复合词中之并行词，有偏用其一字之义，而他字则连举而不为义者"②，并首次将汉语表达中的这种配字现象命名为"复词偏义"。之后，汉语语法学界与词汇学界讨论古代汉语中"复词偏义"或"偏义复词"的论文开始多了起来。20世纪30年代至70年代末，这方面的论文不多，只有刘盼遂《中国文法复词中偏义例续举》（《燕京学报》1932年第12期）、《中国文法复词中偏义例》（载《文字音韵学论丛》，北平：人文书店，1935年），余冠英《汉魏诗里的偏义复词》（载《汉魏六朝诗论丛》，上海：古典文学出版社，1956年），祝鸿熹《偏义对举词的使用：读〈水浒传〉札记》（《语文知识》1957年第3期），徐明《多义词反义词偏义词》（香港：进修出版社，1974年），吴三立《古汉语复合词中的偏义》（《学术研究》1978年第3期），宋朝晖《略谈偏义复词》（《辽宁师院学报》1979年第5期）等不多的几篇。③但是，从20世纪80年代开始，系统研究这一课题的论文大量涌现。到21世纪初，则延及现代汉语中的偏义复词研究，论文数量也很多，其中包括很多学位论文。④

配字作为汉语表达中的一种特殊语言现象，从本质上说，是一种修辞现象。只是自古以来学者们都没有看清其本质，因而对其有不同的认知，并给了它不同的名称（即学术术语）。魏晋时代的经学家王肃称之为"足句辞"，南宋修辞学家陈骙则名之曰"病辞"，到了清末训诂学家俞樾又换了新术语，名之曰"因此及彼"。时至20世纪30年代，黄侃、杨树达、黎锦熙等现代学者又各有其专门术语，"黄侃称之为'配字'，杨树达名之曰'连及'，黎锦熙称之为'复词偏义'，刘盼遂则将黎锦熙的术语予以颠倒，名之曰'偏义复词'。由于刘盼遂以'偏义复词'为术语在20世纪30年代连发了两篇学术论文，影响较大，由此'偏义复词'这一术语从20世纪30年代直至80年代就成了汉语语言学界的主流术语，直到今日仍有学者在使用。不过，就在'偏义复词'这一术语在20世纪80年代初随着中国学术的繁荣而大行其道之时，西方语言学的一个新术语'羡余'也

---

① 吴礼权. 汉语"羡余"现象的本质及其修辞功能 [J]. 江苏师范大学学报（哲学社会科学版），2020（1）：46.

② 许建础. 汉语"复词偏义"现象研究 [D]. 上海：复旦大学，2012：7.

③ 许建础. 汉语"复词偏义"现象研究 [D]. 上海：复旦大学，2012：49-50.

④ 吴礼权. 汉语"羡余"现象的本质及其修辞功能 [J]. 江苏师范大学学报（哲学社会科学版），2020（1）：47.

随着中国改革开放的时代潮流而进入汉语语言学之中，并逐渐取代'偏义复词'而成为汉语语言学特别是语法学术语的新宠"①。其实，不管学者们对配字这一特殊的语言现象有怎样的认识，也不管他们给它一个什么样的学术术语，都始终改变不了它的本质，那就是：配字是一种"语言活动中语言的表达形式超出语言实际表达内容需要的现象。换言之，就是表达者的语言表达形式跟其实际所要表达的语义内容存在不匹配的现象，表达形式大于或超出语义内容，形成了信息冗余"②。

三、附赠促销与配字文本建构

上文我们说过，附赠促销是商业营销活动中的一种策略，意在以小惠而博大利，符合"投入—产出"以少博多的经济原则。在语言活动中，以配字手法建构修辞文本，类似于"附赠促销"的商业投资行为，其本质也是要以最少的投入博取最大的收益。因为从经济学的视角来看，配字文本的建构虽然在表意上存在着语言资源配置供过于求（语言的表达形式超出了语言实际表达内容的需要）的问题，明显不符合"投入—产出"的经济原则，但是在审美上则有"凑足音节"和"偶复对称"③的效果，可以唤起接受者"均衡和谐的视听觉美感"④。也就是说，配字修辞文本超量配置语言资源，于表意并无必要，但于审美则必不可少。因此，从"投入—产出"的视角来看，配字实际上并没有造成投资无效的后果。从整体上看，其仍然符合"投入—产出"以少博多的经济原则，没有徒然浪费语言资源，只是以有限的超量语言资源配置而追求预期的终极收益（即修辞效果最优化的表现）。

正因为如此，自古及今，在汉语表达中都有配字修辞文本的建构。古人的配字修辞实践，魏晋经学家王肃、南宋修辞学家陈骙、明末清初大学者顾炎武、清末训诂学家俞樾等人都在谈论配字这一现象时举过不少例子，这里不再举例论述。下面我们来看几例现代作家在文学创作中建构配字文本的修辞实践。

奔霆飞焰歼人子，败井残垣剩饿鸠。

---

① 吴礼权. 汉语"羡余"现象的本质及其修辞功能［J］. 江苏师范大学学报（哲学社会科学版），2020（1）：47.

② 吴礼权. 汉语"羡余"现象的本质及其修辞功能［J］. 江苏师范大学学报（哲学社会科学版），2020（1）：43.

③ 吴礼权. 现代汉语修辞学［M］. 4版. 上海：复旦大学出版社，2020：176.

④ 吴礼权. 现代汉语修辞学［M］. 4版. 上海：复旦大学出版社，2020：176.

偶值大心离火宅，终遗高塔念瀛洲。

精禽梦觉仍衔石，斗士诚坚共抗流。

度尽劫波兄弟在，相逢一笑泯恩仇。（鲁迅《题三义塔》）

上引文字，是"鲁迅应日本友人西村真琴医师之请而创作的一首七言律诗"①。对于这首诗的创作，鲁迅曾在日记中记录："西村博士于上海战后得丧家之鸠，持归养之，初亦相安，而终化去，建塔以藏，且征题咏，率成一律，聊答遐情云尔。"（《鲁迅日记》，1933 年 6 月 21 日）对中国现当代文学有所了解者都知道，这首诗因为是游戏笔墨、应酬之作，立意也不"高大上"，所以在其问世后半个多世纪都不为人所知，可谓默默无闻。到了 20 世纪 80 年代中期，由于海峡两岸同胞在相互隔绝了近四十年之后开始了往来，血浓于水的同胞情谊让两岸同胞终于醒悟，兄弟之间的嫌隙不应一直存在，而应放弃彼此的歧见，共同面对未来。于是，鲁迅这首诗的最后两句"度尽劫波兄弟在，相逢一笑泯恩仇"，因为有特定时代政治氛围的加持，适应了当时两岸交流互动的政治需要，便因缘际会地"被人延伸引用，由此成了大众传诵的名句"②。

不过，应该强调指出的是，这两句诗之所以能从全诗八句中脱颖而出，成为大众传诵的名句，除了其本身具有"可以延伸的政治意涵"③ 之外，还跟其修辞上的独到高妙之处分不开，这就是全诗最后一句"相逢一笑泯恩仇"，其是一个运用了"配字"手法的典型配字修辞文本。这一文本的真实语义是"相逢一笑，前嫌尽释"④。也就是说，从语义上分析，"动词'泯'的宾语应该只有'仇'，而无'恩'"⑤。既然如此，那么"诗人就理应写成：'相逢一笑泯仇恨'，或是为了与诗的第二、四、六句的韵脚字'鸠''洲''流'押韵，而写成'相逢一笑泯恨仇'"⑥。然而，事实上诗人并没有这样写。这就"说明诗人是有意而为之，将'泯'与'恩''仇'链接，是一种修辞行为"⑦，是修辞上"配字"手法的运用。因为"'恩'字在这里虽然并不表义，但有凑足音节的作用，而且还使'泯恩仇'（仄平平）跟前句对应的'兄弟在'（平仄仄）在平仄上构成了交错，同时在韵脚上跟第二、四、六句保持一致（韵母都是 ou），从而达

① 吴礼权. 现代汉语修辞学 ［M］. 4 版. 上海：复旦大学出版社，2020：177.
② 吴礼权. 现代汉语修辞学 ［M］. 4 版. 上海：复旦大学出版社，2020：177.
③ 吴礼权. 现代汉语修辞学 ［M］. 4 版. 上海：复旦大学出版社，2020：177.
④ 吴礼权. 现代汉语修辞学 ［M］. 4 版. 上海：复旦大学出版社，2020：177.
⑤ 吴礼权. 现代汉语修辞学 ［M］. 4 版. 上海：复旦大学出版社，2020：177.
⑥ 吴礼权. 现代汉语修辞学 ［M］. 4 版. 上海：复旦大学出版社，2020：177.
⑦ 吴礼权. 现代汉语修辞学 ［M］. 4 版. 上海：复旦大学出版社，2020：177.

到了诗歌特别是律诗对于押韵、平仄的韵律要求，别具一种韵律和谐的修辞效果"[①]。可见，从经济学的视角看，"恩"字出现于诗句之中，于表意上是羡余，属于语言资源的超量配置。如果基于律诗字句的要求，必须在全诗末句韵脚字"仇"字之前配置一个字，以满足七律诗七言成句的要求，那么完全可以用"恨"字。因为"恩仇"与"恨仇"都是两个汉字，都能完足七言句在字数上的硬性要求。如果从表意的角度看，"仇"字前配置"恨"，似乎效果更好，因为"恨"与"仇"是近义词，彼此配合可以强化"仇"之语意；而"恩"跟"仇"是反义词，语义是相互排斥的，结果可能会导致接受者在语义理解上出现问题，不知道表达者到底是要泯"恩"，还是要泯"仇"。很明显，"恩"与"仇"作为等价的语言资源，从表意的视角看，"恩"的使用价值不及"仇"。按理说，诗人应该选择"恨"字与韵脚字"仇"相匹配，而不是选择"恩"。事实上，诗人恰恰反其道而行之，选择了跟韵脚字"仇"在语义上不相容的"恩"字来与之匹配。究其原因，没有别的，是律诗韵律的要求。按照近体诗的要求，除了有"同声相应"（即"押韵"）的要求，还有"异音相从"（即"平仄交错"）的要求。"恩"是平声字，而"恨"是仄声字。"仇"前配"恩"，跟动词"泯"组合而成"泯恩仇"，其平仄模式是"仄平平"，正好跟上句（第七句）末三字"兄弟在"的平仄模式"平仄仄"相对。如果韵脚字"仇"前配"恨"，跟动词"泯"组合成"泯恨仇"，其平仄模式则是"仄仄平"，跟上句（第七句）末三字"兄弟在（平仄仄）"在平仄相对上就不和谐了。可见，从审美的视角看，明显是配"恩"字在修辞效果上趋于最大化。至于配"恩"可能造成语意理解上的歧义，其实是可以依靠语境的帮助而消除的。因此，从整体上看，基于"投入—产出"的经济原则，还是以配"恩"为最优选择，可以实现语言资源配置的收益最大化（即臻至修辞效果最优化的表现）。

下面我们再来看一个例子：

海瑞的悲剧，就在于他认为道德的约束力，可以制止住全社会的颓败风气。个人一尘不染、两袖清风的垂范作用，能够推动整个官吏阶层的廉政建设。治乱世，用重典，不惜采取剥皮的酷刑，是足以阻吓贪官的最有效力的手段。其实，他不知道，道德的作用，只能作用于有道德的人。不讲道德的冥顽不化者，恶劣成性者，道德又其奈他何？（李国文《从严嵩到海瑞》）

---

① 吴礼权. 现代汉语修辞学［M］. 4 版. 上海：复旦大学出版社，2020：177.

上引这段文字，是作者"从历史的经验阐发治国应该完善法律制度，而不能指望官员以道德约束自己，从而实现廉政目标的道理"①。末一句"道德又其奈他何"，"从语气上看，是一个反问句，从否定的角度强化了文章所宣达的主旨。从文字上看，是一个典型的配字修辞文本。因为从上下文语境中，我们可以清楚地看出，作者要表达的真实语义是：'道德在廉政建设中没有什么作用''道德约束不了不讲道德的冥顽不化者，恶劣成性者'"②。因此，"道德又其奈他何"一句，基于表意的需要，可以简洁明了地表述为"道德无作用"或"道德无奈何"。从语言资源的配置效率来看，这样的表述用字最少，却臻至了"讲清楚，说明白"的境界，符合"成本—收益"的经济原则。不过，如果真的这样表述，原句就变成了一个陈述句，"语气就比较和缓，不能传达出作者的强烈的否定情感"③。而写成"道德又其奈他何"，虽然在语言资源的配置上略显超量，有些许靡费之嫌，似乎不符合"成本—收益"的经济原则，但是从阅读接受的实际效果（即审美的层面）看，"道德又其奈他何"因为是一个反问句，相比于陈述句，"语气就明显激昂多了，不仅可以传达出作者强烈的否定态度，还因为它是一个配字修辞文本（动词'奈何'被拆开，加进代词'他'，'奈'前配一虚词'其'以助语气），表达上显得古雅（'其奈他何'是文言的表达），接受上则有平仄交错、音韵和谐的听觉美感"④。因为"按照现代汉语语音系统，'其奈他何'正好是'平仄平仄'模式。可见，这一配字文本的建构，既实现了表情达意效果的最大化，又臻至了审美价值的最大化，可谓达到了'英辞润金石'的境界"⑤。因此，从经济学的视角来看，"道德又其奈他何"这一配字修辞文本的建构，相较于常规表达的"道德无作用"或"道德无奈何"，虽然在语言资源配置上超出了两个字，但在表意与审美两个层面同时实现了效益最大化（即臻至了修辞效果最优化表现），明显是非常成功的。众所周知，文学作品的魅力与价值，往往不是以传情达意的简洁明了作为衡量标准，而是要求在达意传情清楚明晰的基础上别具审美价值，给阅读接受者带来某种审美享受。上述配字修辞文本的建构正是基于这一标准，类似于商业营销中"附赠促销"的经济思维。

---

① 吴礼权. 现代汉语修辞学［M］. 4 版. 上海：复旦大学出版社，2020：178.
② 吴礼权. 现代汉语修辞学［M］. 4 版. 上海：复旦大学出版社，2020：178.
③ 吴礼权. 现代汉语修辞学［M］. 4 版. 上海：复旦大学出版社，2020：178.
④ 吴礼权. 现代汉语修辞学［M］. 4 版. 上海：复旦大学出版社，2020：178.
⑤ 吴礼权. 现代汉语修辞学［M］. 4 版. 上海：复旦大学出版社，2020：178.

四、结语

在日常生活中，对于附赠促销，我们都有清醒的认知，知道这是一种商业营销策略，其终极目标预期就是以小惠而博大利。但是，对于语言活动中特别是修辞活动中的配字现象，我们往往看不清其本质。正因为如此，学界关注了这一修辞现象几千年，但始终没有人能够说清楚其中的学理。究其原因，还是大家都没有认清配字现象是一种修辞行为。其实，除了从修辞学的视角可以讲清配字现象存在的逻辑理据，我们还可以换一个视角，就是从经济学的视角来思考，将语言视为一种资源，将遣词造句视为一种语言资源的配置行为。这样，对于配字作为一种修辞手法在古今语言表达中就存在的现象更容易理解了。通过上文的分析，我们清楚地发现，以配字手法建构的修辞文本，其最大的特点就是语言的表达形式超出了语言实际表达内容的需要。也就是说，就表意而言，语言资源的配置供过于求。但是，从"投入—产出"的视角来看，配字在实际语言表达中并不是徒然浪费语言资源，而是以语言资源有限的超量配置而追求预期的终极收益（即修辞效果最优化的表现）。因此，从整体上看，配字文本的建构仍然是符合"投入—产出"以少博多的经济原则的，同商业营销中"附赠促销"的行为一样，都是一种以小惠而博大利的经济行为。

参考文献

1. 黄永武. 字句锻炼法［M］. 2版. 台北：台湾商务印书馆，2000.
2. 吴礼权. 汉语"羡余"现象的本质及其修辞功能［J］. 江苏师范大学学报（哲学社会科学版），2020（1）.
3. 吴礼权. 现代汉语修辞学［M］. 4版. 上海：复旦大学出版社，2020.
4. 吴礼权. 修辞：语言资源配置效果最优化的努力［J］. 淮北师范大学学报（哲学社会科学版），2023（2）.
5. 许建础. 汉语"复词偏义"现象研究［D］. 上海：复旦大学，2012.
6. 杨树达. 汉文文言修辞学［M］. 北京：中华书局，1980.

Gift Promotion and the Rhetorical Text
Construction of Paratext

Wu Liquan

(*Institute of Chinese Language and Literature*, *Fudan University*, *Shanghai*, 200433)

Abstract: In commercial marketing, there is a means of gift promotion, which aims to spread the benefits of small benefits. There is a kind of "paratext" technique in rhetoric activities, which is similar to this. The most important feature of the rhetorical text constructed by the paratext technique is that the expression form of the language exceeds the need of the actual content of the language. That is to say, in terms of meaning, the configuration of language resources is oversupplied. However, from the perspective of "input-output", paratext is not actually a waste of language resources, but a limited allocation of excessive language resources to pursue the expected ultimate benefits (the performance of the optimization of rhetorical effect). Therefore, on the whole, it is still in line with the economic principle of "cost-benefit", and it is also a kind of behavior to spread the benefits with small benefits.

Key words: gift promotion, paratext, rhetorical text, resource allocation, cost-benefit

政治修辞学研究

突发事件情境下基层组织宣传动员的话语策略*

闫亚平①

（华北水利水电大学外国语学院　郑州　450046）

摘　要：语言作为人类传递信息、沟通思想、通情传心最重要的工具与媒介，是基层组织进行宣传动员的主要手段和重要资源。对此，突发事件情境下，乡镇（街道）和村（社区）要立足于宣传动员的主要内容，聚焦事件不同阶段和辖区具体情况，提升话语的动态性与针对性；通过战争隐喻和家园共同体构筑，提升话语的号召力与凝聚力；围绕文化精神和人文关切，提升话语的认同度与共情度。

关键词：突发事件；基层组织；宣传动员；话语策略

一、引言

突发事件是指"突然发生，造成或者可能造成严重社会危害，需要采取应急处置措施予以应对的自然灾害、事故灾难、公共卫生事件和社会安全事件"（《中华人民共和国突发事件应对法》）。国务院印发的《"十四五"国家应急体系规划》指出，虽然在"十三五"时期我国应对突发事件的管理体系不断健全、救援效能显著提升，但"基层应急能力薄弱，公众风险防范意识、自救互救能力不足等问题比较突出，应急管理体系和能力与国家治理体系和治理能力现代化的要求存在很大差距"。可见，作为国家治理的基石和"最后一公里"，基层组织乡镇（街道）和村（社区）的应急宣传动员能力直接关系着国家的应急管理水平和治理现代化的实现，是国家应急管理和治理现代化的短板。

在基层组织乡镇（街道）和村（社区）的应急能力构成体系中，"应急动员能力是社区层面开展应急工作的基础性能力，如何构建以社区党组织为核心，有效动员多主体参与应急工作的机制，是当前基层应急的重要

---

　　* 本文是国家语委"十四五"科研规划2022年度一般项目"突发公共危机事件基层组织应急语言服务建设研究"（项目编号：YB145－45）、河南省高等学校哲学社会科学基础研究重大项目"突发公共事件应急语言服务体制机制研究"（项目编号：2021－JCZD－11）的阶段性成果。

　　① 作者简介：闫亚平，复旦大学文学博士，华北水利水电大学外国语学院副教授，研究方向为修辞学、现代汉语语法、国际中文教育。

命题"①。语言作为人类传递信息、沟通思想、通情传心最重要的工具与媒介，在提升基层组织乡镇（街道）和村（社区）的应急宣传动员能力中扮演着不可替代的重要作用。它不仅是乡镇（街道）和村（社区）赖以进行防护宣传、风险告知和部署沟通的主要手段，还是动员社会力量、民众配合和共建美好家园的重要资源。对此，突发事件情境下宣传动员的话语能力与策略既是基层组织乡镇（街道）和村（社区）应急能力的重要构成与体现，也是其应急能力最基本的实现手段。

二、突发事件情境下基层组织宣传动员的主要内容

言语互动交际中，只有确定了"说什么"，才能确定"怎么说"。只有明确了基层组织乡镇（街道）和村（社区）突发事件情境下宣传动员的话语内容，才能进一步明确其宣传动员的话语策略。对此，我们认为，突发事件情境下，基层组织乡镇（街道）和村（社区）应加强以下三个方面的话语宣传与动员：

（一）危机意识和生命安全意识的深入宣传

思想认识是行动的先导。只有民众深切认识到突发事件的突发性、破坏性和复杂性，才能采取积极的行动应对，减少或避免更严重的伤害。7·20郑州特大暴雨事件中，在积水不断上涨、城市内涝不断严重的情况下，多辆车辆仍涌入隧道，多名行人蹚水乘坐地铁，这与人们缺乏暴雨的危机意识有很大的关系。在隧道积水飞速上涨的生死关头，仍有人因顾及汽车财产而危及生命的安全。2014年，台风"威马逊"登陆海南，造成巨大的经济损失和人员伤亡，这与人们麻痹大意、习以为常、危机意识薄弱紧密相关。"海南每年都会有台风侵袭，地方政府见怪不怪、麻痹大意，危机意识、应急动员意识薄弱，在灾害来临之时，预防工作明显准备不足，仓促应对就造成损失严重。"② 可见，作为国家应急管理的一线组织与前沿阵地，乡镇（街道）和村（社区）要切实承担起责任，充分发挥其最贴近民众的优势，通过标语口号、大喇叭广播、文化墙、展板、电子屏、宣传栏、宣传单、应急手册、科普讲座、公众号、微信群等形式，加强对该地区可能发生、易发、频发突发事件突发性、破坏性、复杂性和应对要点的宣

① 王涛，翟慧杰. 公共危机治理中的社区应急动员机制构建［J］. 中国减灾，2020（9）：34.
② 章顺磊. 我国自然灾害应急动员的困境与出路：基于海南省的实例分析［J］. 湖北省社会主义学院学报，2016（4）：94.

传，加强生命宝贵和生命安全宣传，增强民众的危机意识和生命安全意识。

（二）社会力量和人人参与的积极动员

突发事件不可预见、突发紧急且危害性大、影响面广，因此，乡镇（街道）和村（社区）需要紧急动员社会力量与辖区民众的大力帮持和积极参与。以7·20郑州特大暴雨为例，严重的内涝不仅使整座城市断路、断水、断电，还带来断网和通信中断的极端灾害。每个社区乃至每个小区瞬间成了一座孤岛。在此极端灾害情况下，作为国家应急管理"最后一公里"也是"最先一公里"的基层组织社区的作用，就愈发重要与关键，亟须其利用贴近群众、熟悉辖区情况的便利条件，紧急动员辖区内企事业单位、社会力量、社区居民和志愿者的大力参与，积极开展互助互救，形成应对突发事件的强大合力，而不能是被动的"等、靠、要"。同时，"社区居民因为在地性、利益相关性以及居民潜在的各种人力资本、文化资本和社会资本等，应该成为社区治理的最重要主体，自然也应成为社区应急救援中的重要主体"①。王涛、翟慧杰指出："在应急社会动员领域，正确认识社区动员的功能和边界，组织科学有效的社区动员，培育社区公共精神，构建人人参与、人人负责的危机治理共同体，对于社区应急工作十分关键。"② 可见，突发事件情境下，基层组织乡镇（街道）和村（社区）动员辖区民众、党员和志愿者积极参与，不仅有助于缓解人员的紧张状况，成为联防联控的有生力量，还有助于带动形成人人参与的全民防控局面，营造共商共治共建的良好氛围。

（三）民众配合的宣传动员和家园共同体意识的强化

突发事件情境下，基层组织乡镇（街道）和村（社区）还需加强辖区民众配合突发事件处置举措、自觉遵守相关要求等的宣传动员。面对突发事件，民众极易产生恐慌、不安、焦虑、不满、愤懑等消极情绪，对政府发布的突发事件处置举措产生疑虑乃至抗拒心理。这时候亟须基层组织乡镇（街道）和村（社区）充分发挥贴近民众的便利条件，通过标语口号、大喇叭广播、公众号、微信群等形式，加强宣传动员，安抚其情绪，疏导其心理，引导其积极配合突发事件的处置举措与相关要求等。同时，越是危急时刻，越需要民众团结协作、同心聚力，也越是需要和彰显、筑牢民

---

① 陈文玲，原珂. 基于社区应急救援视角下的共同体意识重塑与弹性社区培育：以F市C社区为例 [J]. 管理评论，2016（8）：216.

② 王涛，翟慧杰. 公共危机治理中的社区应急动员机制构建 [J]. 中国减灾，2020（9）：35.

众家园共同体意识的时刻。因为只有提升和强化民众的家园共同体意识和归属感，才能充分调动其主动性和责任感，切实树立起共建、共治、共享的理念与格局，从而更加高效、快速、协调地共同应对突发事件。正如陈文玲、原珂强调的："共同体意识的重塑，不仅有利于不断形塑社区居民的主人翁意识，而且有利于促成社区集体意识和集体行动。相较于由外在的社区动员而引发的救援行动，这种由社区内部认同而转化成的救援行动更具有有机团结、稳定性、不断扩展性与可持续性等特征，有益于在社区范围内形成良性循环的社区应急救援体系。"①

三、突发事件情境下基层组织宣传动员的话语策略

（一）聚焦事件不同阶段和辖区具体情况，提升话语的动态性与针对性

根据突发事件发生的不同时期，可分为事前（灾前）、事中（灾中）和事后（灾后）三个阶段。事前（灾前）即突发事件尚未发生的时期，以宣传预防知识、防护措施和告知风险程度为主，提升民众的自我防护和自我救助能力，加强民众的应急、危机意识和生命安全意识。事中（灾中）即应对和处置突发事件的时期，以宣传应对举措、第一时间告知灾情、播报政府与专家研判和动员社会力量、民众配合为主，既要安抚和消解民众的恐慌、不安情绪，提升民众的安全感，又要形成"社会协同、全民参与"的应对突发事件巨大合力。事后（灾后）即突发事件得到控制、缓解乃至逐渐消退而恢复重建时期，以宣传抗灾救灾精神、强化共同家园意识和语言抚慰、心理疏导为主，以鼓舞斗志、凝心聚力，化悲痛为力量，促使人们重拾共建美好家园的信心与勇气，减缓或化解突发事件带来的次生危害和衍生危机。可见，在突发事件发生的不同阶段，基层组织乡镇（街道）和村（社区）宣传动员的话语侧重点应随之调整。

同时，村镇和城乡社区类型多样，各有自己的特定和特殊情况。在进行宣传动员时，要注意针对该村镇民众和社区的具体情况择取妥帖的话语方式，提升话语的针对性。

（二）通过战争隐喻和家园共同体构筑，提升话语的号召力与凝聚力

"团结一致，万众一心，夺取抗洪救灾的最后胜利""舍小家，保大家，誓夺抗洪斗争最后胜利""众志成城，共战洪魔""时刻准备打赢这场

---

① 陈文玲，原珂. 基于社区应急救援视角下的共同体意识重塑与弹性社区培育：以 F 市 C 社区为例［J］. 管理评论，2016（8）：221.

没有硝烟的战争""灾难突降，集结号吹响，千军万马奔向同一个战场"，这些广泛使用、耳熟能详且极富号召力和感染力的宣传动员话语，把洪水等隐喻成"敌人"，把抗洪救灾等突发事件隐喻成"战争"，通过"夺取……胜利""誓夺……胜利""共战""打赢""集结号吹响""千军万马""奔向……战场"这些属于战争范畴的人们比较熟悉的词语或短句，来隐喻性传达人们相对陌生的抗洪救灾的结果、举措部署、急难险重和力量主体等，以警醒和唤起人们大"敌"当前的紧迫感、严重感、责任感和使命感，激发人们的危机意识、防御意识、团结一致"同仇敌忾"意识和昂扬斗志。可见，突发事件情境下，得体运用战争隐喻式话语，可以极大提升话语的号召力和感染力，有效激发民众的危机意识、防御意识和团结一致对抗意识，迅速集结应对力量。

家园共同体意识的唤醒与加强是动员和激发辖区民众团结互助、共治共建，提升话语凝聚力的重要保障与基础。因此，"人人参与，保卫家园""团结动员一切社会力量，共同抗灾建美好家园"这样的动员话语，直接用"家园"二字唤醒民众的家园共同体意识；而"携手同心，共渡难关""齐心合力，渡过难关""同甘共苦，抗洪有我""风雨同舟，齐心抗洪"等动员话语，则通过共同面对的难关激发民众的命运与共意识，从而增强其家园共同体意识。"抗洪救灾，人人有责""抗洪救灾，匹夫有责""抗洪救灾你我他，洪水再大也不怕""参与抗洪救灾是我们义不容辞的责任"等动员话语富含凝聚力，通过突出每个个体的责任与担当，凸显突发事件的公共性与社会性，增强民众的责任感，既可促成自我和自主动员，也有利于带动和营造共同治理、共同参与的家园共同体意识，从而汇聚精神和力量。

（三）围绕文化精神和人文关切，提升话语的认同度与共情度

美国社会学家克兰德尔曼斯首倡"共意动员"（consensus mobilization），并将其界定为"一个社会行动者有意识地在一个总体人群的某个亚群中创造共意的努力"[①]。而我们认为，"共意"的取得离不开共同认同的文化精神和价值观念，离不开情感上的打动与共振，即通过思想动员和情感动员，从而实现以理服人、以情动人。

中华优秀文化精神是中华民族的精神命脉，也是突发事件情境下宣传动员达成广泛认同与共识的思想根基。"仁者爱人"（《孟子·离娄下》），讲究仁爱、守望相助是中华文化核心的价值理念与精神特质，也是应对突

---

① 克兰德尔曼斯. 抗议的社会建构和多组织场域［C］//莫里斯，缪勒. 社会运动理论的前沿领域. 刘能，译. 北京：北京大学出版社，2002：93.

发事件亟须的力量汇聚。因此，"危难时刻伸援手，洪手无情人有情""一方有难，八方支援""爱心汇聚力量，团结战胜灾害""伸出你的手，救助受灾人民朝前走"，这些围绕互帮互助展开的动员话语，充分发扬中华民族的仁爱传统，极易唤起人们的思想认同与行动配合。"天行健，君子以自强不息"（《易传·象传上·乾》），自强不息、百折不挠是中华民族宝贵的精神品格，也是战胜突发事件的法宝。对此，"只要有信心，困难必战胜""自力更生抗洪救灾，不等不靠重建家园""生产自救搞上去，灾害损失减下来""危急时刻显本色，越是艰险越向前"这样的动员话语，也极易唤起人们的思想共鸣与认同，激励人们勇敢面对突发公共危机事件，在逆境中奋进。可见，中华优秀文化精神和文化优势既是应对突发事件的力量源泉和精神支柱，也是宣传动员得以实现的思想基石。

刘亚猛指出："当人们处于不同情绪，比如说感到悲哀或欢欣，友善或敌意，他们对同一件事作出的判断并不一样。"[1] 因此，突发事件情境下的宣传动员话语，虽事出紧急，但仍需考虑辖区民众的情感与心理接受，以民为本，富含人文关切，以提升话语的温度与共情度。突发事件情境下，基层组织乡镇（街道）和村（社区）的动员话语应从正面、肯定、积极方面着眼，充满温情与友爱，从而唤起民众的积极情感反应与接受意愿，进而付诸行动配合。此外，提升突发事件情境下宣传动员话语的人文关怀与共情度，还表现为话语方式上的尊重、礼貌与平等，杜绝高高在上的说教与命令式话语。

四、结语

作为国家应急管理和应急响应最前沿的基层组织，乡镇（街道）和村（社区）既是宣传突发事件应急知识、防护举措和加强民众风险意识、生命安全意识的责任主体，也是动员社会力量、民众配合、凝心聚力共建家园的责任主体。语言作为人类社会最重要的交际工具和认知工具，是突发事件情境下乡镇（街道）和村（社区）进行宣传动员最基本、最经济、最直接、最便捷的形式和资源。因此，突发事件情境下，乡镇（街道）和村（社区）应立足于危机意识和生命安全意识的深入宣传、社会力量和人人参与的积极动员、民众配合的宣传动员和共同家园意识的强化，聚焦事件不同阶段和辖区具体情况，提升话语的动态性与针对性；通过战争隐喻和家园共同体构筑，提升话语的号召力与凝聚力；围绕文化精神和人文关

---

① 刘亚猛. 西方修辞学史 ［M］. 北京：外语教学与研究出版社，2008：57.

切，提升话语的认同度与共情度，以切实提高其应急语言服务能力和应急管理能力，筑牢应对突发事件的基层防线，确保辖区的和谐稳定和民众的生命财产安全，增强辖区民众的归属感、安全感和幸福感。

参考文献

1. 陈文玲，原珂. 基于社区应急救援视角下的共同体意识重塑与弹性社区培育：以 F 市 C 社区为例 [J]. 管理评论，2016（8）.

2. 克兰德尔曼斯. 抗议的社会建构和多组织场域 [C] //莫里斯，缪勒. 社会运动理论的前沿领域. 刘能，译. 北京：北京大学出版社，2002.

3. 刘亚猛. 西方修辞学史 [M]. 北京：外语教学与研究出版社，2008.

4. 王涛，翟慧杰. 公共危机治理中的社区应急动员机制构建 [J]. 中国减灾，2020（9）.

5. 章顺磊. 我国自然灾害应急动员的困境与出路：基于海南省的实例分析 [J]. 湖北省社会主义学院学报，2016（4）.

The Discourse Strategies of Publicity and Mobilization for Grassroots Organizations Under the Context of Emergency Events

Yan Yaping

(*School of Foreign Studies*, *North China University of Water Resources and Electric Power*, *Zhengzhou*, 450046)

Abstract：As the most important instrument and medium to communicate massages, ideas and feelings in human world, language severs as a main method and important resources for the publicity and mobilization of grassroots organizations. Therefore, in the face of emergency events, grassroots organizations in communities, towns and villages need to pay attention to the following discoursestrategiesbased on the main content of publicity and mobilization: constructing dynamic and targeted discourse which are applicable to different stages of emergencyevents as well as specific situations of the districts; enhancing the impact and power of discourse through stressing war metaphor and building homeland community; making discourse more acceptable and impressive by focusing on the cultural spirits and humanistic concerns.

Key words：emergency events, grassroots organizations, publicity and mobilization, discourse strategies

汉语学习者对汉语政治文本隐喻的理解能力研究[*]

郭晓郁　王佳鑫[①]

（大连理工大学国际教育学院　大连　116024）

摘　要：汉语政治文本中的隐喻能否被以汉语为第二语言的读者准确理解，关系到国际社会是否能够正确解读新时代中国政治文化、政治理念和内政外交政策，对我国对外宣传和话语体系构建十分重要。本文基于概念隐喻理论，以《习近平谈治国理政》（第一至三卷）中的20篇外交讲话为语料，提取其中的隐喻制作调查问卷，以考察高级汉语水平学习者对政治文本隐喻的理解能力及个体影响因素。研究发现，被试在理解汉语政治文本中的隐喻时存在一定障碍，对上—下隐喻、人体隐喻、旅行隐喻的理解情况好于建筑隐喻及游戏隐喻，其隐喻理解能力与性别、专业类型、学习阶段、汉语水平等级、汉语学习时长以及在华汉语学习时长有显著关系，与族裔背景因素未呈现显著相关。

关键词：汉语学习者；政治文本；隐喻理解能力

Lakoff 和 Johnson 在《我们赖以生存的隐喻》中提出了概念隐喻理论，认为隐喻不仅存在于语言中，本质上更是一种认知现象，"是在一事物的基础上理解、体验另一事物"[②]。可以说，我们的日常生活经验、所处的生活环境以及文化背景都在影响着我们对世界的认知。2020 年，美国高官宣称，中国正在对 200 万名士兵进行"基因编辑"，打造"超级战士"，其"情报"的来源是偷拍到的一条中国军营标语"传承红色基因，建设一流军队"以及一份文件《传承红色基因实施纲要》。同年，《华尔街日报》等西方媒体在报道任正非讲话时将其中的"杀出一条血路"一句译为"Surge forward，killing as you go，to blaze us a trail of blood"，惊呼华为创始人对西方宣战，要在西方边冲边杀，让鲜血染红道路。这两条消息之所以能够让西方舆论一片哗然，就是因为西方民众所处的社会环境和文化背景

---

* 本文是大连理工大学国际教育学院科研培育基金重点项目"习近平外交话语的批评隐喻分析"（项目编号：SIE19RZD12）的阶段性成果。

① 作者简介：郭晓郁，文学硕士，大连理工大学国际教育学院副教授，研究方向为国际中文教育、汉语语音、汉语修辞。王佳鑫，大连理工大学国际教育学院国际中文教育专业硕士研究生。

② LAKOFF G，JOHNSON M. Metaphors we live by ［M］. Chicago：University of Chicago Press，2003：5.

与我国截然不同，无法以中国人的视角正确解读"红色基因"和"杀出一条血路"。

在上述案例中，西方对"红色基因"和"杀出一条血路"这两个隐喻的错误认知可能是有意曲解，也可能是无意误读，但是不管怎样，客观上都对西方一直以来处心积虑肆意渲染的"中国威胁论"起到了推波助澜的作用。这种歪曲事实的报道不但会在国际社会抹黑我国的国家形象，甚至可能会导致双方出现战略误判，从而引发更加严重的后果。因此，让更多精通汉语、熟悉中国文化的"中国通"读懂中国故事、讲好中国故事、准确传播中国声音，对建构我国国家形象至关重要。

一、汉语学习者对汉语政治文本隐喻的理解能力调查的设计与实施

汉语学习者准确理解中国政治文本中隐喻的真实含义可以使其更加客观深入地了解中国的发展道路、发展理念，理解新时代中国政治文化、政治理念和内政外交政策，对中国的对外宣传和话语体系构建意义重大。本文以认知语言学中的概念隐喻理论为理论基础，选取《习近平谈治国理政》（第一至三卷）中的20篇外交讲话为语料，对其中出现的概念隐喻进行识别、提取和分类，并以此为依据，设计《汉语学习者对汉语政治文本隐喻的理解能力调查问卷》，定向发放给高级汉语水平学习者，结合访谈调查，考察其对汉语政治文本隐喻的理解能力现状及影响因素，从汉语的教与学的角度出发，针对汉语学习者的隐喻理解能力提升提出相应的建议，以提高其汉语政治文本理解能力。

（一）汉语政治文本中隐喻语料的考察与筛选

习近平总书记的外交讲话是中国向国际社会准确、全面、系统地传播中国声音、中国智慧和中国方案，表达中国观点及立场的重要方式，备受国际社会瞩目。习近平总书记的外交讲话平易朴实、旁征博引，其中更是使用了大量的隐喻，使晦涩的外交话语变得生动形象，拉近了与读者和听众的距离。对于有能力直接阅读中文文本的外国人士来说，是否能够正确理解习近平总书记讲话中所使用的隐喻的意义，关系到他们是否能够准确理解我国的外交政策与治国理念，这无论是对我国还是对国际社会来说都意义重大。

本文以《习近平谈治国理政》（第一至三卷）中的20篇外交讲话为语料来源，参照 Pragglejaz Group 提出的"隐喻识别程序"（Metaphor Identification Procedure，MIP），对文本中的隐喻进行识别，从中共甄别出 2 381 例隐喻。Lakoff 和 Johnson 将概念隐喻分为结构隐喻、方位隐喻及本体隐喻三种类型①，笔者据此将甄别得出的隐喻按照始源域和目标域映射关系分为三大类型十九个小类别，具体如图 1 所示。

为避免出现题目数量过多、被试负担过重的情况，从保持被试有效完成问卷的积极性角度出发，笔者选取文本中出现频次较多的人体隐喻、旅行隐喻、建筑隐喻、游戏隐喻以及上—下隐喻五类隐喻进行问卷题目的编制。

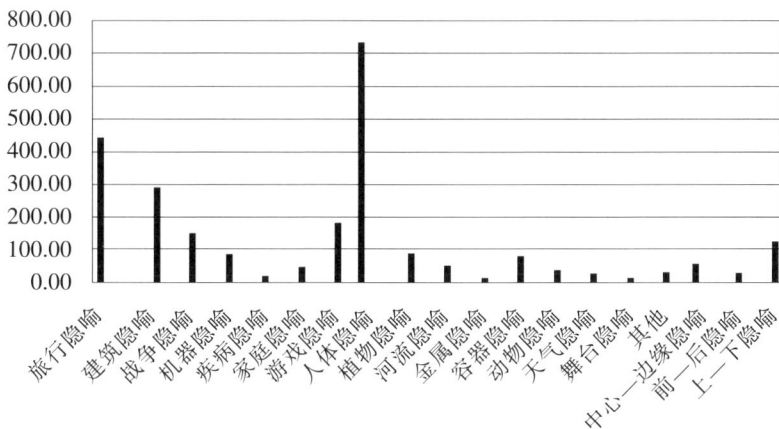

图1　文本中隐喻表达类别数量统计

1. 人体隐喻

人体隐喻在本文语料中出现 730 次，占比 30.7%，是出现频次最高的隐喻类型。人体概念主要包含两方面：一是作为实体的人体器官和部位，包括血肉、骨骼、器官等生理结构；二是人体的生理功能和行为活动。人体隐喻将人类对自体的认识作为始源域，投射到政治概念这一目标域，可以化陌生抽象为具体可感。例如：

（1）今天，成千上万的中国科学家、工程师、企业家、技术人员、医务人员、教师、普通职工、志愿者等正奋斗在众多发展中国家广阔的土地上，同当地民众手拉手、肩并肩，帮助他们改变命运。②

---

① LAKOFF G，JOHNSON M. Metaphors we live by［M］. Chicago：University of Chicago Press，2003：4 – 29.

② 习近平. 习近平谈治国理政：第三卷［M］. 北京：外文出版社，2020：437.

（2）中国支持对世界贸易组织进行必要的改革，更好建设开放型世界经济，维护多边贸易体制，引导经济全球化更加健康发展。①

例（1）将奋斗在发展中国家的中国人民与当地民众隐喻为两个"人"，将个体的人与人之间的"携手"与"并肩"动作映射到目的域"不同国家人民之间的合作"上，描写出中国与众多发展中国家平等合作、携手共进的友好合作关系，既生动形象，又易于引发共情。

例（2）将抽象的"经济"隐喻为人体，将"人体健康成长"映射到目的域"经济全球化发展"，表明了中国支持世界贸易组织改革以引领世界经济向更完善的全球化发展的积极态度。

2. 旅行隐喻

在本文的语料中，旅行隐喻的出现频次为 440 次，占比 18.5%。旅行是一个包含时间、空间、计划、行动、状态、方式和目的等诸多环节的持续过程，而一个国家的有关战略、规划、方针、政策、措施等的实施与旅行相类。例如：

（3）中国生态文明建设进入了快车道，天更蓝、山更绿、水更清将不断展现在世人面前。②

（4）法国有句谚语说："人的命运掌握在自己的手里。"面对严峻的全球性挑战，面对人类发展在十字路口何去何从的抉择，各国应该有以天下为己任的担当精神，积极做行动派、不做观望者，共同努力把人类前途命运掌握在自己手中。③

例（3）中，中国的生态文明建设目标明确、方向正确、发展迅速、效果明显，文中巧妙地将这一阶段的发展状态隐喻为"快车道"，生动地描绘出我国生态迅速改善、蓝天绿水青山不断恢复的美丽画卷。

例（4）中，旅行是一个复杂的系统，旅途中充满困难、迷惑与挑战，因此，选择走怎样的道路至关重要。人类发展关乎各国前途、民族命运和人民幸福。在这一过程中，怎样选择一条道路、选择一条什么样的道路是各国面临的关键问题，将这一阶段隐喻为"十字路口"，说明各国未来发展有多种可能，生动体现出各国在面临人类未来前途命运这一重大问题时复杂的处境。

---

① 习近平. 习近平谈治国理政：第三卷 [M]. 北京：外文出版社，2020：462.
② 习近平. 习近平谈治国理政：第三卷 [M]. 北京：外文出版社，2020：374.
③ 习近平. 习近平谈治国理政：第三卷 [M]. 北京：外文出版社，2020：460.

3. 建筑隐喻

建筑隐喻在本文语料中的出现频次为 292 次，占比 12.3%。建筑这一概念既可以指建筑物，也可以指建筑工程、建筑材料及工具、各种建筑结构及建筑成果。建筑的组成成分、结构特点、组合机制、运行模式等相关特征作为始源域映射到人类社会的各个领域，如社会政策、政治经济、文化教育等，以描写其结构特征、运行机制、发展状况等。

（5）中方真诚祝愿并坚定支持非洲在联合自强的道路上步子迈得更大一些，推动非洲和平与发展事业不断跨上新的台阶。[①]

（6）新兴市场国家和发展中国家群体性崛起势不可当，将使全球发展的版图更加全面均衡，使世界和平的基础更为坚实稳固。[②]

例（5）首先将非洲隐喻为"人"，将非洲联合自强的过程隐喻为"道路"，将非洲和平与发展事业不断向好的一个个上升阶段隐喻为"台阶"，一系列隐喻的使用表达了中方对非洲国家通过联合自强推动非洲和平与发展事业这一做法的肯定、支持和真诚的祝愿。

例（6）将世界和平隐喻为一座建筑，而新兴市场国家和发展中国家的群体性崛起被隐喻为这个"建筑"的基础不可或缺的重要组成部分，以此揭示出世界和平这个"建筑"的基础需要各个组成部分"均衡"才能更加"坚实稳固"，新兴市场国家和发展中国家的群体性崛起正是实现这一目标的关键。

4. 游戏隐喻

游戏隐喻在本文语料中的出现频次为 178 次，占比 7.5%。游戏包括以竞技为目的的体育游戏和以娱乐为目的的日常游戏两部分，二者本质上都是对人类竞争行为的模仿，体现了人与社会相互作用的规律，是对人类适应社会过程中存在的竞争、选择和淘汰行为的一种反映。游戏虽然常有竞争，但也讲究协调配合、团结合作、彼此促进，主张友谊第一、比赛第二，不像战争那样充满进攻性和侵略性。因此，使用游戏隐喻既能反映政治领域的竞争性，又可兼顾构建和谐的国际政治氛围，是一种理想的隐喻模式。

（7）实现普遍核安全，需要各国携手努力。我们要吸引更多国家加入

[①] 习近平. 习近平谈治国理政［M］. 北京：外文出版社，2014：307.
[②] 习近平. 习近平谈治国理政：第三卷［M］. 北京：外文出版社，2020：445.

国际核安全进程，使各国既从中受益，也为之作出贡献，争取实现核安全进程全球化。我们要加强交流、互鉴共享，有关多边机制和倡议要统筹协调、协同努力，争取做到即使不在同一起跑线上起跑，也不让一个伙伴掉队。①

（8）我相信，只要中非友好的接力棒能够在青年一代手中不断相传，中非命运共同体就一定会更具生机活力，中华民族伟大复兴的中国梦和非洲人民团结振兴的非洲梦就一定能够早日实现！②

例（7）将实现普遍核安全隐喻为跑步比赛的"赛场"，将世界各国隐喻为赛场上的"伙伴"，形象生动地阐述了我国在实现普遍核安全这一问题上的态度和立场——世界各国的核技术发展起步有早有晚，就像参赛的"伙伴们"站在不同的"起跑线"；在"实现普遍核安全"这场比赛中，需要所有"伙伴"协调配合、共同努力，争取实现所有"伙伴"一起到达终点这一目标，即实现世界范围内的普遍核安全。

接力棒是接力赛跑时使用的短棒，在比赛中，接力棒的传递需要队员间默契配合，最终成绩的取得依靠的是一个选手接一个选手持续不断的努力。例（8）将中非友好隐喻为"接力棒"，这个"接力棒"是一代又一代中非人民共同缔造并持续传承下来的，习近平总书记使用这个隐喻形象地表达了对中非青年能够继承并发扬中非友好关系，并且在未来也能将之传递到下一代手中的殷切希望。

5. 上—下隐喻

上—下隐喻在本文语料中的出现频次为 117 次，占比 4.9%。上—下隐喻是方位隐喻中较为常见的一种，是以上—下空间概念为源始域，向其他目标域进行映射，从而获得引申和抽象意义的认知过程。上—下是一组基础性的认知空间关系，是所有空间关系中最早被人类认知的关系。上—下隐喻利用人对空间的直觉意识和生活经验来描写政治、经济等领域的等级、状态、趋势等抽象概念。

（9）当前，国际竞争摩擦呈上升之势，地缘博弈色彩明显加重，国际社会信任和合作受到侵蚀。我们要把互尊互信挺在前头，把对话协商利用起来，坚持求同存异、聚同化异，通过坦诚深入的对话沟通，增进战略互信，减少相互猜疑。③

---

① 习近平. 习近平谈治国理政 [M]. 北京：外文出版社，2014：255.

② 习近平. 习近平谈治国理政：第三卷 [M]. 北京：外文出版社，2020：454.

③ 习近平. 习近平谈治国理政：第三卷 [M]. 北京：外文出版社，2020：461.

（10）当前世界经济复苏艰难曲折，中国经济也面临着一定下行压力。解决这些问题，关键在于坚持创新驱动发展，开拓发展新境界。①

例（9）中的"上升"通过始源域和目标域之间的映射关系，表明了当前国际竞争摩擦的数量在增加、范围在扩大、程度在加强、等级在提高、情况愈加错综复杂。例（10）则利用表达空间变化的概念"下行"，隐喻中国经济受世界经济复苏艰难的不利影响可能会出现的经济增速减缓、经济总量下降等发展趋势，言简意赅，通俗易懂。

（二）调查设计与实施

笔者基于上述从《习近平谈治国理政》（第一至三卷）20篇外交讲话中筛选得出的语料，选取使用人体隐喻、旅行隐喻、建筑隐喻、游戏隐喻以及上—下隐喻的语句设计制作了《汉语学习者对汉语政治文本隐喻的理解能力调查问卷》，选定具有 HSK 5 级及以上汉语水平、有一年以上来华留学经历的汉语学习者为被试，考察其汉语政治文本隐喻理解能力。

该问卷主要包含两大部分：第一部分是来华汉语学习者个人信息调查。该部分包含国籍、专业类型、族裔背景、性别、学习阶段、汉语学习时长、HSK 汉语水平等级，以及在华汉语学习时长等，目的是了解被试的背景情况，并考察被试自变量对隐喻理解能力的影响。第二部分是调查被试对汉语政治文本隐喻的理解能力。试卷共有 25 个题目，其中包含 20 个隐喻句、5 个非隐喻句干扰项。其中，题项 4、题项 9、题项 13、题项 17 及题项 23 为非隐喻句干扰项。为保证测试准度，参照前文的分类标准，所涉及的 20 个隐喻关键词语均按比例选取前文所筛选的五种隐喻类型中的隐喻表达，题目均为具有代表性的例句，以此保证问卷题目的典型性。

问卷调查的题型为单项选择题，以便让被试在有限时间内完成调查问卷。在设计问卷时，尽量保证语言表达难度在《新 HSK 大纲词汇》5 级及以下，并尽量选取带有语境的直观语句。选项包含 A、B、C 三项，是对隐喻句中有隐喻义的关键词语以及对非隐喻句中画线词语的解释，要求从中选出最佳的一个，选择正确得 1 分，选择错误得 0 分。

通过对调查问卷结果的统计和分析，本文预期探讨以下问题：

第一，被试对汉语政治文本隐喻的理解能力现状如何；

第二，被试对政治文本中不同类型的隐喻表达的理解能力如何；

① 习近平. 习近平谈治国理政：第二卷［M］. 北京：外文出版社，2017：535.

第三，族裔背景、性别、专业类型、学习阶段、HSK 汉语水平等级等是否与被试的隐喻理解能力差异相关。

二、汉语学习者对汉语政治文本隐喻的理解能力分析

笔者使用 SPSS 26.0 软件对回收的 137 份有效问卷的数据进行了描述性统计分析及差异性检验。

（一）被试基本情况统计

按性别统计，男性 94 人，占总人数的 68.6%；女性 43 人，占总人数的 31.4%。按照族裔背景统计，36 位被试有华裔背景，占比 26.3%，101 位被试无华裔背景，占比 73.7%。按学生专业类型统计，文科专业的被试为 74 人，占比 54.0%；理工科专业的被试为 63 人，占比 46.0%。按学习阶段统计，本科生 46 人，占比 33.6%；硕士研究生 52 人，占比 38.0%；博士研究生 27 人，占比 19.7%；已经毕业的学生 12 人，占比 8.8%。按汉语水平统计，HSK 5 级者 97 人，占比 70.8%；HSK 6 级者 40 人，占比 29.2%。具体如表 1 所示：

表 1　被试基本情况统计

特征	分类	频数	比重
性别	男	94	68.6%
	女	43	31.4%
族裔背景	华裔	36	26.3%
	非华裔	101	73.7%
专业类型	文科	74	54.0%
	理工科	63	46.0%
学习阶段	本科生	46	33.6%
	硕士研究生	52	38.0%
	博士研究生	27	19.7%
	已经毕业	12	8.8%
HSK 汉语水平等级	5 级	97	70.8%
	6 级	40	29.2%

（二）隐喻理解能力调查成绩分析

为了便于统计和分析被试的汉语隐喻理解能力情况，本文将问卷调查第二部分中的 25 道题目设定为每题 1 分，总分为 25 分。该测试问卷满分为 25 分，合格分数为 15 分。为便于从整体上分析被试对问卷中汉语隐喻的理解情况，本文将其测试分数分为四个等级：分数在 5～10 分间为极差；分数在 11～15 分间为较差；分数在 16～20 分间为良好；分数在 21～25 分间为优秀。根据统计结果，笔者分析得出以下关于被试对汉语政治文本隐喻的理解能力的描述：

第一，被试具备基本的汉语政治文本隐喻的理解能力。如表 2 所示，137 名被试对 25 个隐喻句理解的总均值为 15.01，刚刚超过 15 分的合格水平，表明从总体上看，被试基本能够理解问卷中隐喻的意义。

表2　隐喻理解能力调查成绩描述统计

	N	极大值	极小值	均值	标准差
成绩	137	25	5	15.01	5.59

第二，大多数被试的隐喻理解能力居于中位，优秀者和极差者都是少数。如图 2 所示，位于优秀区间和极差区间者占比分别为 24.1% 和 16.8%，有 59.1% 的被试得分位于 11～20 分这一中位区间，占绝对多数。

第三，被试个体对汉语政治文本隐喻的理解能力差异巨大。最高分 25 分的被试共 3 名，占比 2.2%，具有极高的汉语隐喻理解能力；最低分 5 分的被试共 2 名，占比 1.5%，隐喻理解能力极差。

第四，被试的汉语水平与其隐喻理解能力水平并不绝对相当。虽然被试平均分数超过了 15 分的及格线，但如图 2 所示，达到及格线以上的被试为 68 人，及格率仅为 49.6%。这意味着具备良好以上的汉语隐喻理解能力的被试不到总人数的一半。其中，具有较高水平汉语隐喻理解能力的被试仅有 33 位，占比仅为 24.1%。被试虽均已通过 HSK 5 级以上汉语水平测试，具有较高的汉语语言水平，但只有少数被试的隐喻理解能力能够与其语言水平相当，大部分被试的得分处于较差水平，这说明具备较高的汉语水平并不意味着一定具备较高的隐喻理解能力。

频率

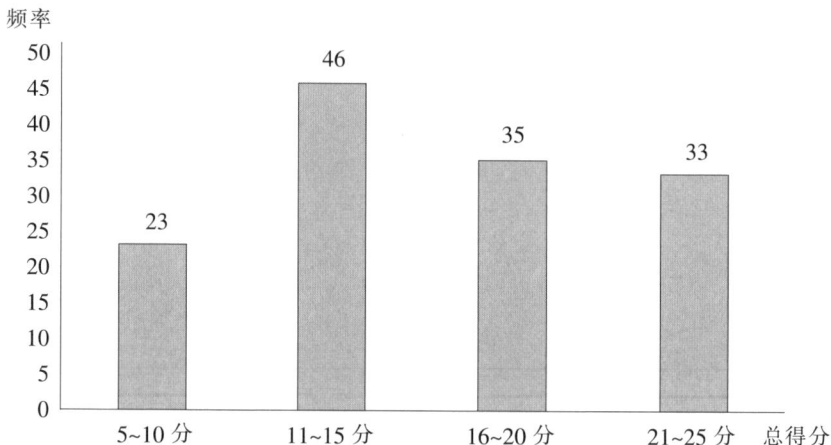

图 2　隐喻理解能力测试调查成绩分布

第五，被试对不同类别的隐喻理解能力是不均衡的。问卷中 25 道题目分属人体隐喻、旅行隐喻、建筑隐喻、游戏隐喻及上—下隐喻五种不同的隐喻类型，笔者针对被试的成绩按以上类型进行分类统计，结果如表 3 所示：

表 3　不同隐喻类型隐喻理解能力调查成绩描述统计

隐喻类型	N	极大值	极小值	均值	标准差
人体隐喻	137	5	0	3.03	1.302
旅行隐喻	137	5	0	3.02	1.178
建筑隐喻	137	5	0	2.99	1.177
游戏隐喻	137	5	0	2.83	1.072
上—下隐喻	137	5	0	3.13	1.199

由表 3 数据可以看出，被试对问卷中各类隐喻理解的得分均值由高到低依次为：上—下隐喻、人体隐喻、旅行隐喻、建筑隐喻、游戏隐喻。笔者认为，这可能是因为人们更易于从自身经验出发使用和识别隐喻，因此测试项中的隐喻关键词在生活中越常见、与被试越密切相关，被试就越容易识别并理解其隐喻意义。

（三）个体因素与被试隐喻理解能力相关性调查分析

笔者从学习者的族裔背景、性别、专业类型、HSK 汉语水平等级、汉语学习时长、在华汉语学习时长等个体因素出发，考察了被试个体因素对汉语政治文本隐喻的理解能力是否存在显著影响，结果如表4所示：

表4　被试个体因素隐喻理解能力调查成绩差异比较

检验变量		被试数	均值	t 值	自由度	p 值
族裔背景	是	36	13.81	-1.511	135	0.133
	否	101	15.44			
性别	男	94	14.24	-2.240	135	0.027
	女	43	16.52			
专业类型	文科	74	16.68	3.992	135	0.000
	理工科	63	13.05			
HSK 汉语水平等级	HSK 5 级	97	13.31	-6.225	135	0.000
	HSK 6 级	40	19.10			
汉语学习时间	5 年及以上	58	16.41	2.577	135	0.011
	5 年以下	79	13.97			
在华汉语学习时长	3 年及以上	86	15.74	2.028	125	0.045
	3 年以下	51	13.76			

第一，族裔背景因素对于被试的隐喻理解能力无显著影响。如表4所示，本文对华裔背景及非华裔背景的被试成绩进行了分类统计。结果显示，族裔背景因素与被试的隐喻理解能力并未如笔者预期的那样呈现显著相关性。张仕海在其实证研究中发现，被试是否为华裔对其隐喻理解能力无显著影响[1]，这与本文的研究结果一致。

第二，女性被试的隐喻理解能力明显强于男性被试。相关研究表明，女性比男性更具有二语习得的生理优势。[2] Maccoby 和 Jacklin 的研究表明，女性在语言理解和产生、创造性写作及言语流畅性等方面均优于男性。[3] Ardila 等人的研究表明，男性与女性在言语方面的差异只表现在语言理解

① 张仕海. 中、高级水平留学生汉语隐喻理解能力实证研究 [J]. 海外华文教育，2017（1）：66-75.

② 赖鹏，夏纪梅. 二语习得中的性别差异：多学科视角述评 [J]. 中国海洋大学学报（社会科学版），2009（6）：58-61.

③ MACCOBY E E, JACKLIN C N. The psychology of sex differences [M]. Stanford：Stanford university Press，1974：349-376.

和语言表达方面。① 于学勇研究发现，女性比男性更适合语言学习。② 以上研究结果与本调查的分析结果相符。

第三，不同专业类型的被试对汉语政治文本隐喻的理解能力差异显著。统计结果显示，文科专业类型的被试，其隐喻理解能力明显强于理科专业类型的被试，这可能与文理科被试的思维方式不同有关——理科生更注重逻辑思维，文科生更注重形象思维。杨兮、李瑞在其研究中发现，文理科被试在部分隐喻例句的理解方面具有显著性差异，而以上差异在一定程度上与文理科学生思维方式的差异有关③，这与本调查的分析结果一致。

第四，被试的汉语水平等级与其对汉语政治文本隐喻的理解能力呈正相关。统计结果显示，HSK 6 级以上的被试的隐喻理解能力明显高于 HSK 5 级的被试。这一结果再次印证了语言能力是影响隐喻理解的显著因素，被试可借助更高的语言知识水平，提高隐喻理解能力。

第五，汉语学习时间与被试的隐喻理解能力呈正相关。如表 4 所示，汉语学习 5 年及 5 年以上者对政治文本隐喻的理解能力明显优于汉语学习 5 年以下者。研究表明，来华汉语学习者的汉语学习使用策略与其汉语学习时间长短有显著关系。④ 随着汉语学习时间的增长，学习者对阅读书籍、观看电视、听广播、与汉语母语者交谈等认知策略的使用将会增多。隐喻作为一种认知现象，学习者对其理解能力的提升受到了正向影响。

第六，在华汉语学习时长与被试的隐喻理解能力呈正相关。如表 4 所示，在华汉语学习时长 3 年及 3 年以上的被试，其隐喻理解能力明显优于 3 年以下者，这表明在华汉语学习时间越长，其隐喻理解能力就越强。隐喻与文化之间的关系密不可分，不同国家有不同的文化及社会背景，使得人们拥有不同的行为方式及思维习惯。在华汉语学习时间越长，越有助于学习者对中国深层文化结构和思维方式的理解，其隐喻理解能力越能获得有效提升。

第七，社会环境对被试隐喻理解能力的提升影响显著。如表 5 所示，被试主要涉及本科生、硕士研究生、博士研究生、已经毕业四个阶段。调查结果表明，本科生、硕士研究生以及已经毕业的被试，其隐喻理解能力测试得分均超过 15 分，且已经毕业的被试得分高于其他三个学习阶段的被试得分。

---

① ARDILA A, ROSSELLI M, MATUTE E, et al. Gender differences in cognitive development [J]. Developmental psychology, 2011 (47): 984 – 990.

② 于学勇. 性别与二语习得能力关联研究 [J]. 外语与外语教学, 2005 (8): 13 – 15, 25.

③ 杨兮, 李瑞. 略论学科类型对隐喻理解能力的影响 [J]. 山西师大学报（社会科学版）, 2014 (S2): 98 – 100.

④ 江新. 汉语作为第二语言学习策略初探 [J]. 语言教学与研究, 2000 (1): 61 – 68.

表5 不同学习阶段被试隐喻理解能力调查成绩描述统计

检验变量		被试数	均值	标准差
学习阶段	本科生	46	15.43	5.311
	硕士研究生	52	15.15	5.432
	博士研究生	27	12.00	4.977
	已经毕业	12	19.50	5.469

为了解不同学习阶段的被试对政治文本隐喻的理解能力是否具有差异性，本文首先对上述数据的方差齐性进行了检验，检验结果为0.19，符合进行单因素方差检验的方差齐性条件。然后采用单因素方差分析对其进行分析。结果如表6所示，F值为5.876，$p=0.001<0.05$，表明三组之间具有显著差异，说明不同学习阶段的被试对于汉语政治文本隐喻的理解能力具有显著差异。

表6 不同学习阶段的被试的隐喻理解能力调查成绩单因素方差检验结果

检验变量	平方和	自由度	均方	F值	显著性
组间	495.919	3	165.306	5.867	0.001
组内	3747.074	133	28.173	—	—
合计	4242.993	136	—	—	—

为明确四组中哪两组之间有显著性差异，本文随即采用LSD法进行事后多重检验和两两比较，结果如表7所示。本科生和博士研究生、已经毕业的调查对象之间有显著性差异（$p=0.009<0.05$；$p=0.020<0.05$），本科生和硕士研究生的结果没有显著差异性（$p=0.794>0.05$）。硕士研究生和博士研究生、已经毕业的调查对象之间具有显著性差异（$p=0.013<0.05$；$p=0.012<0.05$）。博士研究生和已经毕业的调查对象之间具有显著性差异（$p=0.000<0.05$）。该结果表明，不同学习阶段的被试的隐喻理解能力调查成绩依变量而言，已经毕业的被试的隐喻理解能力调查成绩显著高于其他学习阶段的被试，说明已经毕业的被试的隐喻理解能力强于其他学习阶段的被试。

笔者以访谈的形式与已经毕业的被试进行沟通，发现12位被试中超过半数在中国工作与生活，离开中国的被试所从事的工作也一直与中国有关，在日常工作中无论是言语沟通还是信函往来都要使用汉语。赵晓红通过问卷调查，针对环境因素对二语习得的影响进行了定量分析，调查结果显示，相比生长环境与学校环境，社会环境是影响二语习得最重要的因素。[①] 笔者据此推断，其汉语隐喻理解能力强于其他阶段的被试，可能与被试长期沉浸在自然的汉语环境中相关，社会环境比课堂环境更有利于提升学习者的隐喻理解能力。

表7　不同学习阶段高级汉语水平来华汉语学习者隐喻理解能力调查成绩多重结果

检验变量	（I）学习阶段	（J）学习阶段	平均值差值	标准错误	显著性
调查成绩	本科生	硕士研究生	0.2809	1.07	0.794
		博士研究生	3.4347**	1.28	0.009
		已经毕业	-4.0652*	1.72	0.020
	硕士研究生	本科生	-0.2809	1.07	0.794
		博士研究生	3.1538*	1.25	0.013
		已经毕业	-4.3461*	1.69	0.012
	博士研究生	本科生	-3.4347**	1.28	0.009
		硕士研究生	-3.1538*	1.25	0.013
		已经毕业	-7.5000**	1.84	0.000
	已经毕业	本科生	4.0652*	1.72	0.020
		硕士研究生	4.3461*	1.69	0.012
		博士研究生	7.5000**	1.84	0.000

注：$p > 0.05$，* $p < 0.05$，** $p < 0.01$。

三、结语

隐喻理解能力调查成绩概况的相关数据表明，大多数来华汉语学习者具备基本的汉语隐喻理解能力，总体来说隐喻理解能力不高，只有少数被试的隐喻理解能力能够与其 HSK 5 级或 HSK 6 级的语言水平相当，大多数被试的隐喻理解能力与其汉语水平存在明显偏差。研究发现，来华汉语学习者的隐喻理解能力受到族裔背景、性别、专业类型、HSK 汉语水平等级、汉语学习时间以及在华汉语学习时长等个体因素的显著影响，调查中发现的汉语隐喻理解能力极高者和极低者虽然是极少数，但仍能反映出被试的汉语隐喻理解能力个体差异明显。

[①] 赵晓红. 环境因素对二语言习得影响的定量分析［J］. 山西科技，2007（4）：62-63，71.

调查数据显示，汉语学习者对上—下隐喻、人体隐喻、旅行隐喻的隐喻理解情况好于建筑隐喻及游戏隐喻，对同一类别的具体概念的隐喻意义理解也存在明显差异。笔者认为，人们对隐喻始源域的概念越熟悉、经验越丰富、概念越具体，其映射的目标域就越容易被理解。

结合本文关于被试个体因素与其汉语隐喻理解能力相关性调查的结果，我们可以得出以下启示：

第一，隐喻理解能力是语言能力的重要组成部分，无论是从"教"的角度还是从"学"的角度都应该予以高度重视。从调查所显示的高级汉语水平学习者的隐喻理解能力远远低于预期这一结果来看，目前汉语教学中与隐喻相关的能力培养和训练严重不足，学习者误解、曲解以及完全不理解汉语政治文本隐喻意义的情况在本调查中非常普遍，显示出目前汉语教学在"培养能够读懂中国故事、讲好中国故事、传播好中国声音的国际友人"这一目标上还有很大的努力空间。

第二，汉语教师需要提升自身对教学材料中隐喻现象的敏感性和关注度，在教学中抓住培养学生汉语隐喻理解能力的机会。对母语是汉语的教师来说，因为对教学材料中的很多隐喻司空见惯，所以习而不察，没有注意到这些隐喻现象对以汉语为第二语言的学习者来说是学习的难点和理解的障碍，在教学中可能会轻易放过，错失培养学生的汉语隐喻理解能力的机会。

第三，提高学生的汉语隐喻理解能力要从培养其汉语隐喻思维入手。对汉语学习者来说，仅靠听、说、读、写等汉语技能训练获得的汉语语言能力是不足以完全理解汉语隐喻现象的。在教学中，教师应系统地有意识地引导学习者了解中国人运用隐喻表情达意的文化习惯、思维方式以及机制规律，培养其用中国人的思维方式去认识客观世界、解读汉语语言材料，加工并创造语言产品的能力。

第四，要在语言和社会实践中培养学习者的汉语思维能力。这不仅需要汉语教师在教学中予以重视，更需要全体国际学生教育参与者、培养国际学生的教学机构乃至中国社会积极参与，为其提供更多走进中国社会生活的机会，使其沉浸于真实自然的语言环境和社会环境中，感受中国的风土人情，体验中国文化，了解中国国情，在感性认识中逐渐建立理性思维。

参考文献

1. 江新. 汉语作为第二语言学习策略初探［J］. 语言教学与研究，2000（1）.

2. 赖鹏，夏纪梅. 二语习得中的性别差异：多学科视角述评［J］. 中国海洋大学学报（社会科学版），2009（6）.

3. 杨兮，李瑞. 略论学科类型对隐喻理解能力的影响［J］. 山西师大学报（社会科学版），2014（S2）.

4. 于学勇. 性别与二语习得能力关联研究［J］. 外语与外语教学, 2005（8）.

5. 张仕海. 中、高级水平留学生汉语隐喻理解能力实证研究［J］. 海外华文教育, 2017（1）.

6. 赵晓红. 环境因素对二语言习得影响的定量分析［J］. 山西科技, 2007（4）.

7. ARDILA A, ROSSELLI M, MATUTE E, et al. Gender differences in cognitive development［J］. Developmental psychology, 2011（47）.

8. LAKOFF G, JOHNSON M. Metaphors we live by［M］. Chicago: University of Chicago Press, 2003.

9. MACCOBY E E, JACKLIN C N. The psychology of sex differences［M］. Stanford: Stanford University Press, 1974.

A Study of International Students' Comprehension of Metaphors in Chinese Political Texts

Guo Xiaoyu   Wang Jiaxin

(*School of International Education*, *Dalian University of Technology*, *Dalian*, 116024)

Abstract: Whether the metaphors in Chinese political texts can be accurately understood by readers who speak Chinese as a second language depends on whether the international community can correctly interpret China's political culture, political philosophy and domestic and foreign policies in the new era, which is important for the construction of China's foreign publicity and discourse system. Based on the conceptual metaphor theory, this paper uses 20 diplomatic speeches in *Xi Jinping* : *The Governance of China* (Volumes 1 – 3) as the corpus to extract metaphors from and create a questionnaire to examine advanced Chinese learners' comprehension of metaphors in political texts and individual influencing factors. It was found that the subjects had certain obstacles in understanding metaphors in Chinese political texts, and their understanding of up-down metaphors, human body metaphors, and travel metaphors was better than that of architecture metaphors and game metaphors, and their metaphor comprehension ability was significantly and positively correlated with gender, subject background, study stage, Chinese proficiency level, length of Chinese study, and length of Chinese study in China, but not with ethnic background.

Key words: international students in China, Chinese political texts, metaphor comprehension

小说叙事修辞研究

独特的叙述视角

——莫言小说修辞学研究之一

徐晓丹　张祖立①

（大连大学文学院　大连　116622）

摘　要：莫言非常看重小说的修辞艺术运用，其在叙事中选取特殊的非传统视角进行叙述格外突出，如灵活运用儿童视角、动物视角等，并交叉组合使用多种特殊视角。这种对作为叙述者的"异常角色"的利用，使其小说呈现了奇妙的修辞效果，凸显了其小说的独特风格。

关键词：莫言小说；修辞学；叙述视角；反讽美学

20世纪80年代西方现代派文学的译介输入带来了中国作家写作技巧性试验的高峰，福克纳等作家的创作为莫言提供了文学想象的魔幻外衣；同时，齐文化的巫魅图腾唤醒了其对本土文化的自觉。在此契机下，莫言开启了神秘现实主义的文学创作实践。在小说修辞学看来，对叙述者的选择本身就是一种修辞行为。

莫言小说的叙事特色中最为明显的就是对叙述者特殊身份的选择——鬼畜、儿童、动物，进而形成了叙述上的非常人化视角。此类视角促进了作者、隐含的作者、人物和读者之间在价值的、道德的、审美的等向度上的呼应，一方面增添了作品的创新性和独特性；另一方面，这种"非常态化"的叙述视角形成了丰富的反讽力量，其价值判断直逼社会的弊病和人性的幽暗。其实，视角、反讽不过是莫言芜杂的修辞风格中的两种叙述策略，莫言的整体创作始终处于不拘泥于格套的翻新中，缘于莫言致力于将突破文本边缘作为叙述目标。因此，莫言的创作中呈现出的戏剧性和批判性，不仅得益于修辞风格的多变，还来自突破常规修辞风格、力图创新所增添的效果。

---

① 作者简介：徐晓丹，大连大学文学院硕士研究生。张祖立，大连大学人文学部教授，主要研究中国现当代文学，辽宁省作家协会、辽宁文学院特聘评论家。

一、非常人化视角的表现形态

(一) 儿童视角

关于小说中视角的定义，众口难调，杨义将其解释为"某种语言的透视镜、某种文字的过滤网"①，认为视点是"谁在看"之意。韦恩·布斯也持此观点。视点的选择是小说创作中极为重要的一环，言说角度的不同会呈现出不同的叙事效果。中国当代作家关于叙述视角的密集型尝试始于 20 世纪 80 年代，时值西方叙事理论也包括修辞理论的风靡与西方文学作品的大量译介，一时间效仿与求新成为新时期作家在小说中的视角试验方向。如苏童的"香椿街"系列小说，运用叙述者与人物两种视角的交叉转换，完成了技巧的试验。许多小说作者不再热衷于外部的政治学、社会学视角，转而内聚个人化视角，实现了人物角色塑造的身份下沉和还原。莫言正是在此思想潮流的影响下跳出常规化窠臼，选择以非常人化的特异性视角切入，如儿童视角与动物视角的选用，进行其小说修辞学方面的探索。

非常人化的特异性视角表现在选择儿童视角时，在小说叙事中让智力有限、思维不发达的儿童充当世界的观察者，以儿童的感知和思维去触摸世界。一方面，这种儿童视角不同于成人世界的理性和功利，容易造成对事实的遮蔽和洞见的孤立，存在事实与事件轴上的不充分报道、价值与判断轴上的不充分判断，即叙述者的话语并不能反映其了解的全部，其叙述少于其所知道的；另一方面，以孩子清澈的眼与纯粹的心为窗口，洞悉被成人世界所漠视的真相，窥探隐蔽在人性深处的原罪感，可以达到浑然一体的反讽的修辞效果。

《四十一炮》中的罗小通有着难以抑制的倾诉欲望，整部作品中持续输出滔滔不绝的泡沫话语。20 世纪 90 年代刺激消费浪潮下的农村改革图景通过一个孩子的感情性、直觉式讲述呈现出来，在想象与现实的交错中有着"童言无忌"的荒诞意味。小说前言写道："大和尚，我们那里把喜欢吹牛撒谎的孩子叫作'炮孩子'，但我对您说的，句句都是实话。"② 作者的刻意强调反而让读者感觉到了一种虚幻的意味，罗小通的诉说是否贴近事实，是否具备可靠性，只能由读者自行判断。罗小通的母亲是否与兰大存在不正当的私情关系，罗小通的父亲究竟何以绝望，其中的悬念正是缘于儿童视角叙述的模糊性，因为增加"炮孩子"的身份本身就意味着诸

① 杨义.中国叙事学［M］.北京：人民出版社，1997：191.
② 莫言.四十一炮［M］.杭州：浙江文艺出版社，2019：381.

多的不可靠。在情感认知方面较具戏剧性的便是以儿童的视角去窥探成人世界的欲望与对名利的贪念。利益面前大搞注水猪肉的兰老大阻碍了罗小通的价值判断能力的增长。罗小通将其视为崇敬的对象，甚至因为想出将动物进行灌水后再屠宰的方法成为"黑心肉"商家的同谋，却仍沾沾自喜："现在回想起来，一个十二岁的孩子，发明了活畜注水法，按照自己的设想改造了一个车间，而且还指挥着二十多个工人，进行着卓有成效的生产，确实很像个奇迹。回忆起那个时候的我，我会发出这样的感叹：……那时候我是多么棒啊！"① "十二岁"与投机取巧的"活畜注水法"相联系，且诸如"奇迹""多么棒"的感慨为之油然而生。因此，罗小通作为误入歧途又归返光明的"炮孩子"，他身上既存在因儿童智力有限所造成的认知模糊，他将对社会规则的认识归纳为简单的成与败，但又是一个沉溺于泡沫话语中且拒绝精神成长的"炮孩子"，深受社会不正风气浸染却不自知。借助罗小通一人的"炮孩子"视角和身份所带来的层深感，作品叙述显得模糊和不可靠，增添了虚幻色彩；同时，孩童心灵令人诧异的扭曲程度，容易引发读者关涉社会性问题的深层思考。

《拇指铐》中的阿义没有了喋喋不休的评判和讲述，因此其儿童视角呈现出的效果不同于《四十一炮》。作品开篇便交代了衣不蔽体的小阿义跌跌撞撞地跑到药铺，惨白的月光、猛啸的恶犬、肠胃的绞痛都未能阻止小阿义为临危的母亲抓一副药材的决心和孝心，然而在归家的途中却因莫须有的罪名被锁铐在树边。之后的种种矛盾冲突围绕此展开。全文通过小阿义乞怜清澈的视角，先后叙写了两次营救小阿义的过程。第一次，是从一队拖拉机上下来的四人，分别是老Q、大P、小D和黑皮衣女人，莫言在这里用意象符号指称他们的身份，让其由"个体"代换为"类群"，他们身上具备普遍性的特征。其中，老Q看似热情实则满足好奇私欲，喋喋不休地询问"是谁把你铐起来的""他为啥把你铐起来"②，嬉皮笑脸地去观察拇指铐的品质构造，处处摆出上帝的俯视视角，末了丢下一句"解铃还须系铃人"来试图解构自己的冷漠。黑皮衣女人在这一行人中最具善心，但全程乐善却无好施，一味地发号施令"大P，想办法救他""小D，你过来看看"③，这种薄弱的善心和缺乏周全详密的计划不得以失败告终。第二次，是怀抱婴孩的劳作妇女，听到小阿义的呼救后尝试用镰刀砍伐树木，将水壶的水喂给小阿义解渴。但妇女终究是自顾不暇的人，砍坏的镰刀致使劳作不便而心生埋怨，水壶的水需留予田野的丈夫而稍有存留。劳

① 莫言.四十一炮［M］.杭州：浙江人民出版社，2019：255.
② 莫言.拇指铐［M］.南京：江苏文艺出版社，2003：280.
③ 莫言.拇指铐［M］.南京：江苏文艺出版社，2003：282.

作妇女心有余而力不足，对家庭或者事业的顾虑恰恰是大多数旁观客的缩影。故事的最后，小阿义乞怜清澈的眼逐渐黯然，人性的历练也悄然收场，面对宿命般的凄惨命运，小阿义选择以自戕的方式实现自救，迷蒙混沌、不知生死中仍惦念母亲的药。小阿义的孝心与看客施救的无疾而终呈现出颇具张力的反讽效果，这些施救者明明尽其所能，但无疾而终的背影暴露了他们隐埋在心底无法抹杀的原罪。在小阿义的儿童视角下，成人的忙碌自利无疑调动了读者对小阿义的悲悯情绪。

纵观莫言的文学创作，儿童视角可谓其强化小说修辞效果的关键一环。除了上述的《四十一炮》《拇指铐》，1985 年声名鹊起的《透明的红萝卜》同样借助黑孩的儿童身份进行叙述，一方面赤裸裸地展示出残酷凄惨的成人世界——飞扬跋扈的权力压制与情感淡漠的家庭虐待，另一方面调动极致的感官体验，缔造出存于黑海想象中的光怪陆离的世界，寓意着理想的"包孕着活泼的银色液体"的透明红萝卜所带来的愉悦。在黑海的同一视角下，迥然呈现两个相异的世界，增强了叙事上的美学张力。同样，1986 年声名大噪的《红高粱》运用豆官和"我"的童稚视角讲述"我爷爷""我奶奶"之辈的野莽勇事，以讽喻代际关系中生命力式微的现况，儿童视角的巧妙结构在一定意义上让《红高粱家族》这部小说脱离了"四平八稳，毫无新意"的传统模式的窠臼。作品以儿童视角观察了爷爷奶奶的行为，实际上也传递了后代对前辈意志、精神的膜拜和继承的内涵与旨意。

（二）动物视角

动物同样一直是莫言小说善用的叙述"功臣"。莫言自小是在谈狐说鬼的聊斋氛围中成长起来的，绵绵的泛灵情愫使得其笔下的动物大多秉持天地意志，连通人性，成为特殊的一类形象。《十三步》中光怪陆离的动物园、真幻难辨的笼中物，《白狗秋千架》中那条通人性的"历史窥视者"——白狗，以及"红蝗""蛙"等频频显眼的动物在莫言的作品中占比很大。《生死疲劳》更是明确地将动物作为最主要的叙述者，通过地主西门闹几世轮回中的驴、牛、猪、狗等叙述，还原历史祛魅状态下复杂的社会世态和沉浮的个体命运状态。《生死疲劳》颠覆了人为主体、动物为客体的传统叙述视角，动物们不仅仅是如黑格尔所说的那样是用来引导到某种意蕴的工具符号，更是莫言对动物进行的一次本体上的观照。西门闹身上既有为人的理性意志又兼具野蛮的兽性。借动物视角窥视历史之流变，一方面显得客观真实，另一方面暗含对人性的逼视与拷问。其生为驴时"不眷恋温暖的驴棚，我追求野性的自由"①；沦为猪时则博古通今，以汉朝王莽为榜样，意在做霸王；渐渐地具备了狗的忠诚，对主人言听计从；再到为猴时自由野性的生命力式微，失去了叙述的话语权，沦为禁锢下的工具。凡此种种，在非常人化的视角叙述下，莫言借动物之眼揶揄时弊，关怀命运，达到了明显的修辞和美学的效果。

《白狗秋千架》的动物视角异于《生死疲劳》中动物所处的主体性地位所展现出的显性视角。文中，白狗不是传统意义上的内部视角，全文并未明确地以白狗为主体讲述故事，但白狗的角色却是无法剥离的存在。莫言多次精心描摹白狗那颇具人性的眼睛，它以旁观者的姿态从外部观察男女主人的故事历程，并在一定程度上与之相协调、相补充。文中的暖因青年时期意外与白狗一同掉落荆棘丛中，暖失去一只眼睛，自此命途多舛、分外平庸。一方面，白狗充当的是暖的眼睛；另一方面，白狗的眼睛代替了作者的"超位透视"的功能。开篇，白狗便展示出非凡的识人功力，返乡的井河在桥头与白狗浑浊的眼睛相对视，好似在进行着某种交流，"那条黑爪子白狗走到桥头，停住脚，回头望望土路，又抬起下巴望望我，用那两只浑浊的狗眼。狗眼里的神色遥远荒凉，含有一种模糊的暗示，在这遥远荒凉的暗示唤起内心深处一种迷蒙的感受"②。之后，莫言以倒叙的手法展开故事，白狗眼底那遥远荒凉的神色预示了井河与暖之间复杂的情感纠葛，营造着暖"无处话凄凉"的心境。白狗作为暖与井河交往的窥见者，又无法进行言说与评述，于是莫言赋予它颇具人性的眼神。仅凭借开篇这一视点，莫言便将全文的情绪导向了无言的哀伤中。

（三）交叉视角

莫言小说中的非常人化视角并未局限于儿童或动物。莫言还常常站在一个超位的视点上进行宏观的审视，实现动物、儿童、作者等多视角的搭配组合与转换。这样的修辞技巧多运用于情节丰富、人物众多的长篇小说。

《生死疲劳》前四部分主要以动物思维进行讲述。"莫言"间或以丑角的姿态跳出来发表见解，穿插在蓝解放与动物之间，不断用自己的声音来弥补叙事中的漏洞。有趣的是，文中多次引用"莫言的创作"这种方式对一些事件进行描述抑或评判。比如，当蓝脸温情地摩挲受伤的西门驴时，莫言将这段温馨感人的时刻借助"莫言"《黑驴记》中的一段唱词进行烘

---

① 莫言．白狗秋千架［M］．杭州：浙江文艺出版社，2019：203.
② 莫言．生死疲劳［M］．杭州：浙江文艺出版社，2022：56.

托："身为黑驴魂是人，往事渐远如浮云，六道中众生轮回无量苦，皆因为欲念难断痴妄心……"① 据统计，全文共出现"莫言"创作的 12 部作品，因此，"莫言"这一视角不单属于小说内部视角流通的一环，其存在的意义也包括打破小说壁垒，实现外部视角的客观评价功能，以另一种方式承担全知叙述的责任。总体而言，这部小说多种视角运用，形成了复调叙述，同时一定程度上起到辅助补充和消解历史严肃性的作用。小说结尾之处，作者则是以全知叙述者——"莫言"的身份出现，对人物命运走向作了适当的交代——"我的故事，从一九五零年一月一日那天讲起……"② 与开篇形成了闭环式结构，侧面呼应佛道的六道轮回。此类三种视角的交叉叙述、相互钳制的"复调式叙述"避免了单一视角下对事实判断的不充分性。

《檀香刑》中，莫言按照戏本的结构将小说设计为"凤头部""猪肚部"和"豹尾部"三部分。"凤头部"中选用了四个人的叙述视角，即孙眉娘、赵小甲、赵甲、钱丁的视角，从不同角度介绍了故事的背景和故事发展情节，突出了叙事的"讲述"效果。同时，借用了戏曲的特点，当然也与作品中重要的叙述内容——地方戏"猫腔"的利用有关，每个人物视角讲述故事前，都插入一段与叙述者有关的"猫腔"唱词，又显示了一定的叙事的"展示"效果。为了增添人物的特性，莫言在人物的自我称谓上运用了小技巧，比如乡野屠夫的孙眉娘和赵小甲自称"俺"，进士出身的县令钱丁仍使用文言文中的古称谓"余"，这种大段的人物自白与对话能够调动读者更快进入作品情境中。莫言在第二部分"猪肚部"中改用全知全能的叙述视角，把人物关系与人物背景的来龙去脉如抽丝剥茧般为读者交代清楚。其中，孙丙和钱丁的斗须、赵甲的"行刑艺术"等多个精彩场景呈现，映射了错综复杂的社会现状。最后的"豹尾部"则又选用五个人物的视角，即赵甲、孙眉娘、孙丙、赵小甲、知县（钱丁）的视角分别讲述故事。在他们深入讲述故事的过程中，读者也进一步走进他们的内心世界，对他们有了深刻的认识，尤其是第一次选用了重要人物孙丙的视角（"孙丙说戏"一章），更使得读者真正了解全书中最为光彩夺目的人物的精神世界。而通过赵甲的视角（"赵甲道白"），人们则看到了极其阴狠毒辣、与阴暗奇诡的晚清宫廷相吻合的特殊人物。值得注意的是，《檀香刑》中的赵小甲虽然已经结婚，但其"傻丈夫""傻儿子"的特点，也使得他的叙述视角成为一种特殊的儿童视角。由于傻，他不能知晓妻子与知县的

① 莫言. 生死疲劳［M］. 杭州：浙江文艺出版社，2022：28.
② 莫言. 生死疲劳［M］. 杭州：浙江文艺出版社，2022：566.

偷情，但他却能通过一种幻觉，看出身边人的动物本相，如妻子的蛇相、赵甲的豹子相、钱丁的老虎相、衙役的狼本相等，这对于人物性格的表现都是一种变相补充，显示出一种特殊的修辞效果。

二、非常人化视角的反讽美学

反讽是文学写作中一以贯之的修辞技巧。李建军在《小说修辞研究》中对这一概念进行了梳理与廓清："作者由于洞察了表现对象在内容和形式、现象与本质等方面复杂因素的悖立状态，并为了维持这些复杂的对立因素的平衡，而选择的一种暗含嘲讽、否定意味和遮蔽性质的委婉幽默的修辞策略。"①

反讽与叙述者的选择脱离不了干系，理查德·罗蒂说："反讽的反面是常识。"② 但当一群动物或者认知不健全的儿童开始讲述时，已经是对真理与严肃的一种挑战与反讽。叙述者在讲述过程中，因非常人化身份的赋予，叙述者的语言逻辑与内容的真实性都是模糊的、不确定的，与隐含作者的真实意图相悖。隐含作者是韦恩·布斯在《小说修辞学》中提出的概念，用来指称一种人格或意识，这种人格或意识在叙述文本的最终形态中体现出来。作者在作品中有意无意、或多或少地倾注自我的审美趣味和价值判断等，由此形成了上文所提到的"不可靠叙述"。《四十一炮》中罗小通全凭自我讲述的泡沫化语言，为读者展示了一个似真似假的世界。如果读者看穿了不可靠叙述形成的语言把戏，跳出叙述者的逻辑怪圈，实现读者与隐含作者的秘密交流，窥探隐藏其中的隐含作者的意图，那么反讽便形成了。

最后，回归到莫言本身，他对非常人化视角的选择只不过是以特殊方式便于表现现实、传达旨意的一环。无论是儿童视角还是动物视角，此类视角尽量避免道德化评判与褒贬性议论的直接显现，呈现出相对客观冷峻的现实意义，但跨越时空的"儿童式回溯"难免无法摆脱成人经验下的认知与判断，横跨物种的"动物世界"同样暗含多方人性因素。借助儿童视角和动物视角处理的文本中，不仅存在着儿童和动物的所感所悟，还潜藏着隐含作者的旨意表达。我们透过叙述者及其话语，探寻背后作者真实的意图，反讽才能最终实现。

纯粹的儿童视角与原始的动物视角都迥异于瞬息万变的成人世界，但

① 李建军. 小说修辞研究 [M]. 北京：中国人民大学出版社，2003：217.
② 罗蒂. 偶然、反讽与团结 [M]. 徐文瑞，译. 北京：商务印书馆，2003：106.

莫言并未将成人世界中的文明与孩童、动物之间构成的矛盾冲突简化为二元对立的叙事模式，而是显现出文明豕突前进的涌流中泛起的渣滓对本真的生命状态的荼毒和压抑。视角的载体——儿童和动物往往受到被冠以某种名义的合法性的暴力制裁，《生死疲劳》中西门闹已经转世的牛拒绝"扎鼻环"和耕犁公社田地，遭到鞭刑，施虐者凭借"反对人民公社"的名义对其进行焚毁。西门驴的勇义嘉迹被猎手剥夺，尽管风光一时，但仍无法避免因成废驴而被肢解分食的悲惨下场。六道轮回中的"畜道"本是对深重罪孽的惩罚，《生死疲劳》却向我们展示了赎罪的过程无外乎皆是来自荒谬年代的人的暴行。同样，儿童视角下的世界在莫言笔下大多情况下呈现出的是暴力、饥饿、困苦交织的图景，《枯河》中小虎无意间导致书记女儿的死亡，面对哥哥的唾弃声、母亲的恸哭声、父亲沾满盐水的麻绳，其最终无法承受精神与肉体的双重折磨，在"鲜红太阳即将升起那一刹那"葬身于干涸的河道中。《铁孩》中被圈养在大栅栏里的铁孩在严格的管教、等待父母的落寞及饥饿难耐之中锻造出"吃钢铁"的本领。莫言笔下儿童视角的世界充斥着特殊年代的生存困境，其中也烙印和存储着他自己的童年记忆，这是对既往荒诞时代的回望，更是一种深刻的历史反思。

虽然反讽是莫言小说中重要的呈现效果，但对其儿童和动物视角中所寄寓的美好期盼同样不能忽视。《红高粱家族》中的小男孩——"我"虽然感叹一代不如一代，但当提起祖辈的英雄事迹时却有一种自豪感油然而生，折射出的是对父辈身上所体现出来的无畏暴力、强悍血性的气质的祖先崇拜。同样，走进《透明的红萝卜》中黑孩的精神世界，是与外界充满不公和暴力截然不同的光景，耳边萦绕的是潺潺小溪的低语，鼻腔飘逸的是水草的清香，他尽情地与自然相拥，企图抹平现实世界带给他的伤痕。

任何一种找寻传统文化的路径，最后都会在回归现实主义创作的结果中殊途同归。莫言也不例外，其二十世纪八九十年代的早期作品风格脱俗大胆，在视角的选择方面极尽奇巧之能事，足以令读者眼前一亮。但是在视角的运用方面却忽略了文学创作的内部与外部的和谐性与整体性。以《生死疲劳》为例，多种视角的相互钳制造成形式上的特殊性，但也容易出现强化形式主义的外表；多种非常态视角的观察和评判，以及不完整的讲述，包括外部语言和内部语言界限的多次模糊，都容易无意间弱化小说精神价值的传导效果和审美意蕴。西门闹转世后的每一类动物，其特性不尽相同，内心世界不完全相通。人的视角的不断切入，又形成了动物视角与人类视角的平行性与独立性。这种视点的复杂破坏了内部的和谐性与完整性，一定程度上使读者在阅读过程中容易感觉疲劳和出戏。

修辞的和谐性与整体性不仅指代作品，还有作品与读者、作者与读者之间形成的整体。众多研究修辞学的学者都强调过读者这一身份在小说修辞中的重要性。李建军曾对小说修辞作了如下界定："小说修辞是小说家为了控制读者的反映，'说服'读者接受小说中的人物和主要的价值观念，并最终形成作者与读者间的心照神交的契合性交流关系而选择和运用相应的方法、技巧和策略的活动。它既指作为手段和方式的技巧，也指运用这些技巧的活动。作为实践，它往往显示着作者的某种意图和效果动机，是作者希望自己所传递的信息能为读者理解并接受的自觉活动；作为技巧，它服务于实现作者让读者接受作品、并与读者构成同一性交流关系这一目的。"① 同理，谭学纯等学者在《广义修辞学》中明确地将"修辞活动"界定为"表达者与接受者共同建构审美现实的言语活动"②。因此，我们可以有根据地说，一部作品的完成要兼顾文本内部和读者反映两方面，读者与文本的交流一定程度上受制于修辞策略的运用。其中，视角尤为重要，决定了"谁在看"和"看什么"，重要的是视角下呈现的世界是何种样子的。《四十一炮》中采取的是修辞中比较常见的"傻子""儿童"的视角，相同的手法在《尘埃落定》《爸爸爸》《喧哗与骚动》中都运用过，但《四十一炮》将重点放在叙述上，作者的隐身、人物的独立性、文本的客观性都在一定程度上弱化了读者与文本的交流。当读者难以理解人物的内心状态后，又被其喋喋不休的泡沫话语所裹挟，很容易造成形式隔绝读者的现象。

莫言后期的作品《蛙》《晚熟的人》也有视角的变化，但在这方面有所改进。《蛙》中的前四封信连缀而成的文本和第五封书信的主体形式——话剧的结合，使"讲述"与"展示"得到充分发挥，形成了有效的修辞作用。

参考文献

1. 李建军. 小说修辞研究［M］. 北京：中国人民大学出版社，2003.
2. 罗蒂. 偶然、反讽与团结［M］. 徐文瑞，译. 北京：商务印书馆，2003.
3. 莫言. 白狗秋千架［M］. 杭州：浙江文艺出版社，2019.
4. 莫言. 拇指铐［M］. 南京：江苏文艺出版社，2003.
5. 莫言. 生死疲劳［M］. 杭州：浙江文艺出版社，2022.
6. 莫言. 四十一炮［M］. 杭州：浙江文艺出版社，2019.
7. 谭学纯，等. 广义修辞学［M］. 合肥：安徽教育出版社，2008.

① 李建军. 小说修辞研究［M］. 北京：中国人民大学出版社，2003：12.
② 谭学纯，等. 广义修辞学［M］. 合肥：安徽教育出版社，2008：67.

8. 杨义. 中国叙事学 [M]. 北京：人民出版社，1997.

A Unique Narrative Perspective

—One of the Studies on Rhetoric in Mo Yan's Novels

Xu Xiaodan　Zhang Zuli

(Faculty of Arts, Dalian university, Dalian, 116622)

Abstract：Mo Yan attaches importance to rhetoric in writing his novels, and manifests his unique narration from a nontraditional perspective, i. e. from the eyes of children and animals. Mo also combines multiple special viewing angles to achieve his fantastic result and further forms his distinct writing style.

Key words：Mo Yan's novels, rhetoric, narrative perspective, irony aesthetics

《西游记》韦利英译本叙事修辞研究[*]

陈毅平[①]

（暨南大学翻译学院　珠海　519070）

摘　要：《西游记》韦利英译本 *Monkey* 是目前西方影响最大、流传最广、评价最高的《西游记》英译本，国内外研究成果丰硕。然而，从叙事学角度研究该译本的成果很少。本文着重从叙事时间和话语模式等角度对比研究原著和韦利英译本，对该译本的减译、删译、改译等翻译方法予以重新审视和评价，进一步揭示韦利英译本的特色，为新时代中国文学外译提供借鉴和参考。

关键词：《西游记》韦利英译本；叙事学；叙事策略；叙事时间；话语模式

一、前言

21世纪初以来，尤其是进入新时代以后，讲好中国故事、传播好中国声音已成为我国对外交流的主旋律。政府部门和民间团体、个人在中国文化走出去大潮中大显身手，取得瞩目成就。研究包括《西游记》韦利英译本在内的古典名著名译，挖掘其中的翻译宝藏，探讨中国文学外译策略，可为新时代中国文学外译提供借鉴和参考。《西游记》韦利英译本 *Monkey* 是目前西方影响最大、流传最广、评价最高的《西游记》英译本，国内外研究成果丰硕（参见王斌华，2021/2023；陈毅平，2022）。然而，从叙事学角度研究《西游记》英译本的成果很少。李晖（2016）从"水"的象征意象出发，探讨了韦利英译本的叙事结构和美学效果。刘珍珍（2017）和安小利（2021）聚焦李提摩太译本的叙事建构策略。本文结合国内外叙事学相关成果，着重从叙事时间和话语模式等角度对比研究原著和韦利英译本，对该译本的减译、删译、改译等翻译方法予以重新审视和评价，进一步揭示韦利英译本的特色，助力中国文学外译与传播。

---

　　[*] 本文是中华文化港澳台及海外传承传播协同创新中心课程建设项目"文化翻译入门"（项目编号：JNXTKC2022003）的阶段性研究成果，也是2022年度广东省高等教育教学研究和改革项目"文化'走出去'战略背景下'商务翻译'课程思政建设路径探索与实践"（粤教高函〔2023〕4号）的部分研究成果。

　　[①] 作者简介：陈毅平，武汉大学文学博士，暨南大学珠海校区翻译学院教授、硕士生导师、副院长，主要研究翻译学、语言学、修辞学。

二、韦利英译本中的叙事时间

叙事时间一般可分时序、时限、频率三方面（胡亚敏，2004；申丹、王丽亚，2010）。韦利英译本在时限方面的表现尤为突出，这里重点对书中的时限进行描写与分析。

时限（duration）又称时距（申丹、王丽亚，2010：118）、时长（谭君强，2014：135 – 146）或延续（陈平原，2022：4），主要涉及故事时间和话语时间之间的关系。故事时间指事件发生、发展的实际时间，话语时间指叙述事件所需的时间，可用叙事作品的词数、行数或页数来衡量（申丹、王丽亚，2010：112；谭君强，2014：135）。故事时间可能比话语时间长，可能和话语时间一样长，也可能比话语时间短。时限这个概念不好界定，尤其是书面叙事作品中的时限。即便作者说明了故事时间，比如这件事持续了十分钟，那件事持续了二十分钟，话语时间也很难衡量。也许作者讲故事写了三页纸，最后说了一句"我九点开始讲，现在是十二点"，也许作者写了三百页，最后说了同样一句话，两者的话语时间差别就很大。因此，很多人讨论话语时间更倾向于使用"速度"（speed 或 tempo）一词（Prince，2003：24），也有人借用"节奏"（rhythm）的概念（Bal，2017：89）。从叙述速度看，叙述可分成五类：等述、概述、扩述、省略、静述（胡亚敏，2004：76 – 85）。国外学者有类似观点，只是顺序和表述上略有差别，如巴尔将叙事节奏分为省略（ellipsis）、概述（summary）、静述（scene）、慢述（slow-down）、停顿（pause）（Bal，2017：90 – 100）。本文重点讨论韦利英译本中与叙事时间有关的两种现象：概述和省略。

（一）韦利英译本中的概述

概述指"叙事时间短于故事时间，具体表现为用几句话或一段文字囊括一个长的或较长的故事时间"，能加快节奏，拓展广度（胡亚敏，2004：78）。对于韦利英译本而言，概述具体表现在译文对原文的概括，用较少的词语传递原文较多文字承载的信息，大致可分三类：对叙述的概述、对会话的概述、对叙述和会话的概述。

1. 对叙述的概述

韦利英译本对叙述话语进行概述的情形比较复杂，大致可分八小类：

第一，译文概述某事，概述语与原文细节无包容关系。例如：

（1）悟空将<u>前使狂风、搬兵器一应事说了一遍</u>。（第三回)^①

Monkey explained to them <u>what had happened.</u> ^②

该例中，译文"what had happened"只概括说明孙悟空刚才做的事，没有提及"使狂风、搬兵器"这些具体的事。

第二，译文概述某事，概述语与原文细节有包容关系。例如：

（2）教众头目大开旗鼓，摆队迎接。大圣即带引群猴，<u>顶冠贯甲，甲上罩了赭黄袍，足踏云履</u>，急出洞门，躬身施礼……（第四回)

And he ordered the chieftains to lead the spirit in, with a great waving of flags and rattle of drums. Monkey received him at the mouth of the cave <u>in full panoply</u> surrounded by hosts of lesser apes.

该例原文讲到孙悟空的帽子、盔甲、衣服和鞋子，译文没有采用相应的英语词语，而是使用了具有上位词性质的"in full panoply"加以概括。又如：

（3）他坐中间，点查香火，见<u>李虎拜还的三牲，张龙许下的保福，赵甲求子的文书，钱丙告病的良愿</u>。（第六回)

He examined the incense-smoke, and was looking at <u>the votive paintings round the walls</u>...

同样，这里没有一一列举李、张、赵、钱四人的姓名及求福文书，而是用"the votive paintings round the walls"这一名词性词组概述孙悟空在墙上看到的书文。

第三，原文分叙，译文合叙。中文叙事作品经常采用对偶手法，花开两朵，左一朵，右一朵，分别叙述。韦利英译本则常常合二为一，采取合叙法。例如：

（4）我这里有一面铁鼓，一口金钟，凡有紧急事，<u>擂得鼓响，撞得钟鸣</u>，舍弟们就顷刻而至。（第三回)

We've got an iron drum and a bronze gong here. If anything important hap-

---

① 文中所有原文出自吴承恩．西游记［M］．汪原放，校点．广州：广州出版社，1996.

② 文中所有原文出自 WU C E. Monkey［M］. Translated by Arthur Waley. London：Penguin Books, 1961.

pens, <u>I have them sounded</u>, and my brothers come immediately.

原文把擂鼓、撞钟分开来说，译文合起来，说成"I have them sounded"。又如：

（5）唬得那<u>牛头鬼</u>东躲西藏，<u>马面鬼</u>南奔北跑……（第三回）
<u>Bull-headed demons</u> and <u>horse-faced demons</u> fled before him in terror.

原文说的是孙悟空挥舞金箍棒，打进幽冥界，吓得众鬼纷纷逃窜。原文中分"牛头鬼""马面鬼"分开叙述，译文将二者合一，表达更紧凑、更简洁。

第四，原文多叙，译文单叙。原文分叙，分几个方面说；译文以点带面，只说一个方面，省略其他方面。例如：

（6）那块铁，挽着些儿就死，磕着些儿就亡，挨挨儿皮破，擦擦儿筋伤！（第三回）
The slightest touch of that iron is deadly.

原文用了四个动词"挽""磕""挨""擦"，讲到四种结果"死""亡""破""伤"，体现了汉语"语句排偶化的传统"（郑远汉，1998：55）。译文仅选译了一个，用"touch"译"挨"，以点带面，表达简练。

第五，概述采用概括性称谓。原文涉及汉语称谓，译文采用概括性称谓，化繁为简，把握重点，避免给英语读者带来过多的中国文化知识上的压力，提高阅读流畅性。例如：

（7）却表启那个<u>高天上圣大慈仁者玉皇大天尊玄穹高上帝</u>，一日，驾坐金阙云宫灵霄宝殿，聚集文武仙卿早朝之际，忽有<u>丘弘济真人</u>启奏道……（第三回）
One morning when <u>the Jade Emperor</u> was sitting in his Golden-doored Cloud Palace, with all his ministers civil and military, <u>an officer</u> announced…

原文中，从"那个"开始，玉帝有一个长达20字的汉语称谓，还有"丘弘济真人"道人的称谓，既有姓名又有称号。如果把他们的称谓全部翻译出来，估计西方读者都会看蒙，知识性太强，信息量太大。韦利用简短的"the Jade Emperor"和泛称"an officer"翻译原文的两个称谓，表达简练，突出重点。又如：

（8）正欲收云前进，被增长天王领着<u>庞、刘、苟、毕、邓、辛、张、陶</u>，一路大力天丁，枪刀剑戟，挡住天门，不肯放进。（第四回）

He was just going in when <u>a number of Guardian Deities</u>, armed with daggers, swords, and halberds, barred his path.

（9）奈何<u>本园土地、力士并齐天府仙吏</u>紧随不便……（第五回）

Unfortunately he was closely watched by <u>his followers</u>…

例（8）涉及增长天工和庞等九个天神，韦利英译本仅用了一个概括性的名词性词组"a number of Guardian Deities"。例（9）提及三个称谓"本园土地""力士""齐天府仙吏"，韦利英译本只用了泛称"his followers"加以概括。这样处理不至于让英语读者过多识记汉语中繁多的姓名或称谓，方便英语读者流利阅读。

第六，概述省略称谓。如上所述，《西游记》中人物繁多，称谓繁复，这些称谓往往具有浓厚的文化特色和深刻的语义内涵。如果原封不动地翻译，对普通英语读者的认知能力和知识储备是一个挑战，会造成阅读障碍。所以，韦利英译本有时会采取省略策略，放弃知识性，确保故事性。例如：

（10）菩萨引众同入里面，与<u>玉帝</u>礼毕，又与<u>老君、王母</u>相见，各坐下。便问："蟠桃盛会如何？"（第六回）

'What about the Peach Banquet?' Kuan-yin asked, after the customary greetings had been exchanged.

例句中的译文概述了观音菩萨与玉帝、老君、王母等人见礼的细节，省略了三个称谓，突出重点。又如：

（11）玉帝闻言，即教<u>六丁、六甲</u>，将他解下，付与老君。（第七回）

So Monkey was handed over to Lao Tzu…

（12）即命<u>阿傩、迦叶</u>，取出"锦澜袈裟"一领，"九环锡杖"一根……（第八回）

An embroidered cassock and a priest's staff with nine rings were then fetched…

这两个例子比较特殊，韦利英译本采用英语被动句形式，巧妙回避原文的称谓主语，减轻读者负担。

第七，概述采用泛称。这种情况主要涉及事物名称，原文使用专有名词，译文则使用泛称。例如：

（13）原来那老君与燃灯古佛在<u>三层高阁朱陵丹台</u>上讲道，众仙童、仙将、仙官、仙吏，都侍立左右听讲。

Actually Lao Tzu was in <u>an upper room</u> with Dipankara, Buddha of the Past, expounding the Way to an audience of Immortal officers, pages and officials.

原文指明老君在"三层高阁朱陵丹台"，既有台名，又有对高台的描写，译文仅用"an upper room"这个普通名词，避免读者过多关注知识性细节。同样，第七回讲到老君八卦炉，说"原来那炉是<u>乾、坎、艮、震、巽、离、坤、兑八卦</u>"。译文并未如实翻译八个卦象之名，而是化繁为简，用"parts""trigrams"等普通名词翻译（Now this crucible was in <u>eight parts, each representing one of the eight trigrams</u>）。

第八，概述化形象为抽象。《西游记》原著中有些<u>具体形象</u>的表达，韦利英译本转化为抽象表达，文字更简练。例如：

（14）又不庄尊，却在第一根柱子根下<u>撒了一泡猴尿</u>。（第七回）

Then to mark his disrespect, he <u>relieved nature</u> at the bottom of the first pillar.

原文说得通俗直白，"撒了一泡猴尿"，译文说得抽象文雅，"relieved nature"。对比原著和译著，还会发现一些类似化俗为雅或省略不雅行为的现象。这跟韦利对孙悟空的态度有密切关系。在韦利英译本中，孙悟空是美猴王，神通广大，机智勇敢，除暴安良，是正义美好的化身。原著中说他偷桃盗御酒的行为，译文中要么省略，要么用其他非负面词语翻译，意在塑造悟空的正面形象。又如：

（15）只因带酒戏弄嫦娥，玉帝<u>把我打了二千锤</u>，贬下尘凡。（第八回）

But one day I got a bit drunk and misbehaved with the Goddess of the Moon. For this the Jade Emperor <u>had me soundly thrashed</u> and banished me to the world below.

这里，原文有确数"两千锤"，译文只译其意，"had me soundly thrashed"，即狠狠打了一顿，概述简练。再如：

（16）光蕊令家僮将行李搬上船去，夫妻正齐齐上船，那刘洪睁眼看见殷小姐面如满月，眼似秋波，樱桃小口，绿柳蛮腰，真个有沉鱼落雁之容，闭月羞花之貌……（第九回）

When they were on board the boat, Liu began to stare at Ch'en's wife, who was indeed of matchless beauty.

原义对殷小姐的描写具体形象，写到身体多个部位，还用了常规的美人比喻"沉鱼落雁""闭月羞花"，译文简短直说，"who was indeed of matchless beauty"。

2. 对会话的概述

韦利英译本对会话语的概述可分四小类。

第一，概述会话，概述语与会话无关。例如：

（17）龙王问道："你这秀才，姓甚名谁？何方人氏？因甚到此，被人打死？"光蕊施礼道："小生陈萼，表字光蕊，系海州弘农县人。忝中新科状元，叨授江州州主，同妻赴任，行至江边上船，不料稍子刘洪，贪谋我妻，将我打死抛尸，乞大王救我一救！"龙王闻言道……（第九回）

'Now,' said the Dragon King, 'perhaps you wouldn't mind telling me your name and where you come from.' When Ch'en had told his story, the Dragon King said to him...

原著上文已说明陈光蕊被害经过，所以译文只是概述，不提会话具体内容，加快叙事节奏。又如：

（18）却说那李天王与三太子领着众将，直至灵霄殿。启奏道："臣等奉圣旨出师下界，收伏妖仙孙悟空，不期他神通广大，不能取胜，仍望万岁添兵剿除。"玉帝道："谅一妖猴，有多少本事，还要添兵？"（第四回）

'Am I to believe,' said the Jade Emperor, when the situation was explained to him, 'that one monkey is so powerful that reinforcements are needed to deal with him?'

原文李天王启奏玉帝的内容上文已交代，译文概括为一句话，"when

the situation was explained to him"，避免不必要的重复，不使用与原文细节有关的词语，节省篇幅，加快叙述进度。

第二，概述会话，概述语与会话有关。例如：

(19) 太宗道："<u>贤卿所奏有理。</u>"（第九回）

The proposal was accepted...

这里，译文用被动句，避免了两个称谓"太宗""仙卿"，概括了太宗原话，叙事更快捷。又如：

(20) 众妖即跑入报道："<u>外面有一老者，他说是上界天使，有旨意请你。</u>"悟空道："来得好！来得好！……"（第四回）

'Welcome to him,' said Monkey, <u>when he heard that a messenger had come.</u>

小妖报告的消息有三层意思：谁，什么身份，有何意图。译文变直接引语为叙述语，重点在信使到来，以简驭繁，节奏明快。

以上例句涉及的会话比较简短，也有比较长的。比如，玄奘和他外祖父都劝他母亲不要轻生，译文概而述之。例如：

(21) 小姐欲待要出，羞见父亲，就要自缢。<u>玄奘闻知，急急将母解救，双膝跪下，对母道："儿与外公，统兵至此，与父报仇。今日贼已擒捉，母亲何故反要寻死？母亲若死，孩儿岂能存乎？"丞相亦进衙劝解。小姐道："吾闻妇人从一而终。痛夫已被贼人所杀，岂可靦颜从贼？止因遗腹在身，只得忍耻偷生。今幸儿已长大，又见老父提兵报仇，为女儿者，有何面目相见！惟有一死以报丈夫耳！"丞相道："此非我儿以盛衰改节，皆因出乎不得已，何得为耻！"</u>（第九回）

At first she was ashamed to be seen, remembering that she had yielded herself to a stranger. <u>But she was at last persuaded that she had acted under compulsion and had nothing to be ashamed of.</u>

这段会话较长，约180字，涉及封建伦理道德，主张女子从一而终。也许韦利不认同，或者认为这些话无关紧要，故连同部分叙述语言全部省略。译文使用了与原文内容有关的"persuaded""acted under compulsion""be ashamed of"等词语进行概括，加快了叙事节奏。

第三，概述会话，概述中有省略。韦利英译本对会话的概括还包括省略。例如：

（22）惠岸道："<u>愚男随菩萨赴蟠桃会，菩萨见胜会荒凉，瑶池寂寞，引众仙并愚男去见玉帝。玉帝备言父王等下界收伏妖猴，一日不见回报，胜负未知，</u>菩萨因命愚男到此打听虚实。"（第六回）

'I have been sent to see how things are going on,' he said.

该例句中，惠岸对前面发生的事作了一番回顾，已见于上文。所以，译文中省略了重复内容，只介绍此行的目的。又如：

（23）小姐道："因汝被贼人打死，后来妾身生下此子，幸遇金山寺长老抚养长大，<u>寻我相会。我教他去寻外公，父亲得知，奏闻朝廷，统兵到此，拿住贼人。适才生取心肝，望空祭奠我夫，</u>不知我夫怎生又得还魂。"（第九回）

'After you were killed, I bore this son,' said Wen-ch'iao, 'who fortunately found a patron in the abbot of the Golden Mountain Temple.' Then she told him the whole story, adding, 'But how did you get back your soul?'

该例原文会话中有部分内容前面说过，所以译文概述，加快叙事节奏。

第四，概述会话，避免使用中国文化特色词及中国文化知识。

（24）只见一簇人，挤挤杂杂，闹闹哄哄，<u>内有高谈阔论的道："属龙的本命，属虎的相冲。寅辰巳亥，虽称合局，但只怕的是日犯岁君。"</u>（第十回）

The dragon saw a noisy crowd thronging round <u>someone who was holding forth to them on the conjunctions of planets and stars.</u>

该例概述原文会话，避免直译"龙""虎""寅辰巳亥"等中国文化特色词及中国文化知识，减少英语读者的阅读障碍。

3. 对叙述和会话的概述

韦利英译本中的概述，有些既涉及叙述，又涉及会话，往往概述之中还有省略。例如：

（25）龙王入门来，与先生相见。<u>礼毕，请龙上坐，童子献茶。</u>先生问曰："公来问何事?"龙王曰："<u>请卜天上阴晴事如何。</u>"（第十回）

The Dragon King pushed through the crowd, and having exchanged civilities with the soothsayer, <u>said he particularly desired to know what the weather was going to be like.</u>

译文概述了龙王和先生的对话，省略了原文见礼献茶的细节。又如：

（26）老君道："有，有，有。"抬起衣袖，<u>左膊上，</u>取下一个圈子，说道："<u>这件兵器，乃锟钢抟炼的，被我将还丹点成，养就一身灵气，善能变化，水火不侵，又能套诸物；</u>一名'金钢琢'，又名'金钢套'。"（第六回）

'I certainly have,' said Lao Tzu, and he produced from his sleeve a magic snare. 'This,' said he, 'is called the Diamond Snare.'

译文概述了老君大部分会话，省略了兵器的特点与功能，加快了叙事节奏。

（二）韦利英译本中的省略

韦利英译本是30回节译本，有多种省略形式。按篇幅，可分为整体省略与局部省略；按文体，可分为叙述省略、会话省略、诗词省略、称谓省略等。

1. 整体省略

整体省略指一段一章或数段数章省略。韦利英译本省略了十六、十七、二十至二十三、二十五至三十六、四十至四十三、五十至九十七等70回。第一回开篇介绍天地之数、四大部洲及花果山的文字，连叙述带诗赋将近九百字，全部省略未译；对应的译文从花果山山顶开始。第七回，玉帝设宴感谢如来佛降服猴王，王母、寿星、赤脚大仙献礼等情节全部省略，约1 100字。第八回，如来降服猴王回雷音寺、举行盂兰盆会、菩萨献礼等情节省略，约1 200字。

2. 局部省略

局部省略指一段或一句中个别细节、部分词句的省略。例如：

（27）我等且紧紧防守，<u>饱食一顿，安心睡觉，养养精神。</u>（第五回）
We must keep strict guard and husband our strength.

译文中省略了"饱食一顿，安心睡觉"，删除细节，突出重点。又如：

（28）十王躬身道："我等是阴间天子十代冥王。"悟空道："快报名来，免打！"十王道："我等是秦广王、楚江王、宋帝王、仵官王、阎罗王、平等王、泰山王、都市王、卞城王、转轮王。"（第三回）

'We are the Ten Judges of the Emperor of Death.' they said.

原文中悟空与十王的对话被省略。如把所有名字都翻译出来，英语读者读起来会很吃力。

3. 叙述省略

叙述省略指省略叙述文字，涉及历史背景、社会背景、自然环境、社会产品等的叙述与描写。例如：

（29）大圣见了，笑嘻嘻的，将金箍棒掣起，高叫道："你是何方小将，辄敢大胆到此挑战？"（第六回）

'What little captain are you and where do you hail from,' shouted Monkey, 'that you dare come here and challenge me to battle?'

该例原文有大圣的动作描写，译文中省略。又如：

（30）话表陕西大国长安城，乃历代帝王建都之地。自周、秦、汉以来，三州花似锦，八水绕城流，真个是名胜之邦。彼时是大唐太宗皇帝登基，改元贞观，已登极十三年，岁在己巳，天下太平，八方进贡，四海称臣。（第九回）

The great city of Ch'ang-an had from generation to generation been the capital of all China. At this time it was T'ai Tsung of the dynasty of T'ang who was on the throne. The whole land was at peace, tribute-bearers poured in from every side, and the whole world paid homage to him.

原文中描写景物、交代历史背景的文字省略。再如：

（31）那哪吒奋怒，大喝一声，叫"变！"即变做三头六臂，恶狠狠，手持着六般兵器，乃是斩妖剑、砍妖刀、缚妖索、降妖杵、绣球儿、火轮儿，丫丫叉叉，扑面来打。（第四回）

'Change!' roared Natha, and he at once changed into a deity with three heads and six arms.

译文省略了哪吒的六般兵器。

4. 会话省略

会话省略可分全部会话省略和部分会话省略。例如：

（32）光蕊便道回家，同妻交拜母亲张氏。<u>张氏道："恭喜我儿，且又娶亲回来。"</u>光蕊道："孩儿叨赖母亲福庇，忝中状元……"（第九回）

Ch'ên's way took him close to Hai-chou, and here he was able to introduce his wife to his mother. 'The power of your blessing,' he explained to her, 'enabled me to come out top in the examination…'

这里，张氏会话全部省略，或许韦利以为无足轻重，或重男轻女。又如：

（33）菩萨道；"<u>弟子此去东土，</u>有甚言语吩咐？"（第八回）
'Have you any particular instructions?' asked Kuan-yin.

这里观音菩萨的前半句话省略未译。再如：

（34）那菩萨闻得此言，满心欢喜，对大圣道："<u>圣经云：'出其言善，则千里之外应之；出其言不善，则千里之外违之。'</u>你既有此心，待我到了东土大唐国寻一个取经的人来，教他救你。"（第八回）

'Very well, then,' said the Bodhisattva, delighted. 'Wait while I go to the land of T'ang and find my scripture-seeker. He shall deliver you.'

原文中所说的圣经指《易经》，译文省略了书中引语。

5. 诗词省略

诗词省略指诗词歌赋的省略，分部分省略和全部省略。古典小说经常使用诗词歌赋，或叙述，或描写，或评价，或概括，或判断。可以说，诗词歌赋是古典小说的叙事常态。浦安迪（2018：141）谈到《西游记》的插叙特色时指出："《西游记》的作者引录歌词、戏曲唱段和诗词韵文的独创性，表现出了他高度的创造力……在每一章回的开场和结尾都用精彩的韵文，在叙事文本中则夹用诗词，用来点名故事的寓意。"不过，英译本要考虑读者接受问题，所以韦利在译本前言中说，书中删除了大部分不重要的诗句，因为把这些诗译成英语读起来会很别扭（Wu，1961：7）。第一回有十八首诗赋，韦利英译本仅译一首樵夫观棋歌；原文八句，韦利仅译最后两句。例如：

（35）观棋柯烂，伐木丁丁，云边谷口徐行。
卖薪沽酒，狂笑自陶情。
苍径秋高，对月枕松根，一觉天明。
认旧林，登崖过岭，持斧断枯藤。
收来成一担，行歌市上，易米三升。
更无些子争竞，时价平平。
不会机谋巧算，没荣辱，恬淡延生。
相逢处，非仙即道，静坐讲《黄庭》。（第一回）
I hatch no plot, I scheme no scheme；
Fame and shame are one to me,
A simple life prolongs my days.
Those I meet upon my way
Are Immortals, one and all,
Who from their quiet seats expound
The Scriptures of the Yellow Court.

6. 称谓省略

称谓是中华文化中独具特色的语言文化，集中体现了中国社会人与人之间的等级亲疏关系。西方称谓系统与中国称谓系统差别明显，如何翻译称谓是一大难点。在称谓翻译上，韦利采用了音译、直译、意译等方法。但从叙事角度来看，称谓翻译的简化和省略尤为明显。通过简化和省略，可减少英语读者的认知障碍，减轻他们的阅读负担，提高阅读流畅性。例如：

（36）途路艰苦，晓行夜宿，不觉已到洪江渡口。只见艄子刘洪、李彪二人，撑船到岸迎接。（第九回）

At the crossing over the Hung River they were met by two ferrymen called Liu and Li…

原文提到两个歹人的姓名，一个姓刘名洪，一个姓李名彪。韦译仅译姓氏，省略名字，可减轻阅读难度。又如：

（37）不期游到丞相殷开山门首，有丞相所生一女，名唤温娇，又名

满堂娇，未曾婚配。（第九回）

At one point the procession passed the house of a minister called <u>Yin K'ai-shan</u>. This minister had an only daughter called <u>Wen-ch'iao</u> who was not yet married…

原文提到三个人名，第一个是父亲殷开山，第二个是女儿温娇，第三个是温娇的另一个名字满堂娇。前两个韦利采用了音译法，第三个省略，减轻阅读负担。

如上所述，韦利英译本将原著100回进行节译，变成30回。节译本不但有整章整章的省略，而且即便是选择翻译的章节，也有或多或少的省略。例如，韦利英译本第17回对应原著第19回，但章尾师徒三人拜会乌巢禅师、禅师传授《心经》的一段约1 600字尽数省略，省略篇幅占四分之一。整体而言，韦利英译本情节连贯，故事紧凑，成功进行了叙事重构。但是，有些章节或词句省略后，也产生连贯性欠佳的问题。例如，韦利英译本省略了祖师给孙悟空起姓为"孙"的一段对话文字。该对话涉及"狲"字左右结构，比较复杂，照实翻译要颇费一番笔墨，涉及较多中国文化特色信息，影响故事节奏。于是，韦利省略了这部分内容。但是，省略后译文从讲述孙悟空出生，不提祖师给他起姓环节，直接跳到祖师起名，语篇不连贯，读来有突兀感。明明是祖师起了姓和名"孙悟空"，英语里变成 Aware-of-Vacuity，对得上名字对不上姓。后文多次提到"孙"姓，如孙悟空自称"老孙"等，韦利译为 old Monkey，偶尔也译为 Sun，姓名的衔接作用没有在译文中保留下来，破坏了语篇的连贯性。

三、韦利英译本中的话语模式

话语模式是指叙事作品中人物语言的表达方式。人物语言"不仅指叙事文中人物自身的讲话和思想，也包括由叙述者转述的人物的讲话和思想"（胡亚敏，2004：89）。国内有的国内学者将话语模式分为四种：直接引语、自由直接引语、间接引语、自由间接引语（胡亚敏，2004：90），国外学者将其分成三至八种不等（参见申丹、王丽亚，2010：145 – 156）。韦利英译本中的话语模式转变主要表现在把直接引语变为间接引语，很少将间接引语变为直接引语。

韦译直接引语变为间接引语主要分五类。

（一）直接引语全部变为间接引语

这种情况下，原文直接引语内容完整，无省略。例如：

（38）却说那七衣仙女自受了大圣的定身法术，一周天方能解脱。各提花篮，<u>回奏王母，说道</u>："齐天大圣使法术困住我等，故此来迟<u>。</u>"（第五回）

Meanwhile the seven fairy maidens remained spell-bound a whole day. When at last they could move, they took up their flower-baskets, and going back to the Queen of Heaven they <u>told her that the Sage, Equal of Heaven had held them back by magic</u>, that was why they were so late.

（39）说不了，只见辕门外有人来<u>报道</u>："那大圣引一群猴精，在外面叫喊<u>。</u>"（第六回）

While they were speaking a messenger rushed in and <u>announced that the Great Sage and all his host of monkeys were outside</u>, shouting their battle cries.

（二）直接引语部分变为间接引语

这种情况下，直接引语内容不完整，有省略。例如：

（40）却说那玉帝次日设朝，只见张天师引御马监监丞、监副在丹墀下<u>拜奏道</u>："万岁，新任弼马温孙悟空，因嫌官小，昨日反下天宫去了<u>。</u>"（第四回）

When the Jade Emperor held his court next day, the head of the Stable appeared kneeling on the steps of the throne, <u>announcing that the newly appointed groom had complained that the job was not good enough for him and had returned to earth.</u>

这里译文中省略了"万岁"称谓。又如：

（41）众鬼卒奔上森罗殿，<u>报着</u>："大王，祸事，祸事！外面一个毛脸雷公，打将来了<u>！</u>"（第三回）

A mass of ghosts rushed to the palace, <u>announcing that a furry-faced thunder-god was advancing to the attack.</u>

这里译文省略了称谓"大王"和"祸事，祸事"。

（三）直接引语变为叙述语，使用转述动词

这种情况下，原文直接引语变成间接引语，使用"announce""report"等转述动词。例如：

（42）有洪江口巡海夜叉见了，星飞报入龙宫，正值龙王升殿，夜叉报道："今洪江口不知甚人把一个读书士子打死，将尸撇在水底。"（第九回）

A yaksha that was patrolling the waters saw it, and rushing off to the Dragon King's palace announced that an unknown body, apparently that of a scholar, had been thrown into the river and was lying at the bottom.

（43）灵官领旨，即出殿遍访尽得其详细。回奏道："搅乱天宫者，乃齐天大圣也。"又将前事尽诉一番。（第五回）

After an exhaustive inquiry, the Detective reported that the disturbances in Heaven had been caused by the Great Sage.

（四）直接引语变为叙述语，不使用转述动词

这种情况有人称为"被遮覆的引语"（submerged speech）（申丹、王丽亚，2010：145）。例如：

（44）忽然刘洪回来，一见此子，便要淹杀，小姐道："今日天色已晚，容待明日抛去江中。"（第九回）

As soon as Liu came back and saw the child, he ordered it to be slain. She objected that it was now too late in the day, but promised to throw it into the river early in the morning.

（45）班部中闪上托塔李天王与哪吒三太子，越班奏上道："万岁，微臣不才，请旨降此妖怪。"（第四回）

At once Vaisravana and his son Natha came forward and volunteered for this service.

这两例中的原文会话改为叙述语，译文概述了会话内容。例（45）中小姐表示反对，译文用了"object"；例（46）中托塔天王父子主动请缨，译文用了"volunteer"。

（五）部分直接引语变为叙述语

这种现象可分两类：一是从间接引语滑入直接引语（参见申丹、王丽亚，2010：147），二是从直接引语滑入间接引语。例如：

（46）太宗又不忍二将辛苦，又宣叔宝、敬德与杜、房诸公入宫，吩咐道："这两日朕虽得安，却只难为秦、胡二将军彻夜辛苦。朕欲召巧手丹青，传二将军真容，贴于门上，免得劳他，如何？"

At the end of this period, the Emperor sent for the two ministers and <u>said that he could not bear the idea of their being put to this inconvenience any longer</u>. 'I shall send for a clever painter,' he said, 'to make your portraits and fasten them up on each side of the gate. Would not that be a good plan?'

该例句中，太宗的第一句话为铺垫，说明起因；第二句说明解决方案，是重点。韦利将第一句改为叙述语，第二句仍译为会话，有主有次，重点突出。又如：

（47）太宗道："卿有何慢罪？<u>且起来，拂退残棋，与卿从新更着</u>。"（第十回）

'Get up,' said the Emperor, ' you' ve done nothing disrespectful. ' <u>Then emptying the remaining pieces off the board he suggested that they should start a new game.</u>

这里，韦利将第一句译为会话，第二句变为叙述语，前主后次，突出太宗对臣子的宽容大度。

相比而言，韦利英译本中间接引语变为直接引语的情况少得多。前十回仅有一例：

（48）十王闻言，即请上殿查看。（第三回）
'Come this way, please,' they said, and took him to the great hall…

译文改叙述为会话，体现十王对猴王的尊敬。

申丹、王丽亚谈到《红楼梦》译者杨宪益和霍克思有时改用间接引语的原因时说："翻译与塑造人物性格有关的重要话语时，他们一般保留直接式。而翻译主要人物的某些日常套话、次要人物无关紧要的回话时，则经常改用间接引语，以便使叙述更轻快地向前发展。"（申丹、王丽亚，2010：160）也就是说，改直接引语为间接引语，叙述者可总结人物话语，具有节俭性，能加快叙述速度。当然，直接引语和间接引语具有不同的审美功能。传统小说中直接引语最常用，具有直接性和生动性，音响效果好，有助于塑造人物性格（申丹、王丽亚，2010：157）。小说家常常利用直接引语和间接引语的对比来控制对话中的"明暗度"。以《双城记》为例，正面人物说话用直接引语，反面人物和反面证人说话用间接引语，间接引语扩大了叙述距离，直接引语缩小了说话人与读者的距离，使读者更为同情与支持正面证人（申丹、王丽亚，2010：158）。用"明暗度"解读小说中的直接引语和间接引语的使用，形象地体现了对应信息的轻重主次，也适用于韦利英译本中直接引语转变为间接引语的现象。同时，因为直接引语变为间接引语，删除了引人注意的引号和引述动词，且经常伴随省略性概括，减少了篇幅，加快了叙事节奏。

四、关于韦利英译本叙事策略的思考

上文从叙述时间和话语模式两个角度考察了韦利英译本的特点。通过概述和省略两种方法，韦利英译本精简了原著内容，保留了核心章回，删除了大量诗词歌赋和冗长的知识性背景介绍，概括了原文主要信息，更好地聚焦于孙悟空形象的塑造，增强了全书的故事性和可读性。通过话语模式的调整，韦利英译本将相当多的直接引语转化为间接引语，突出了重要人物的主要会话内容，主次分明，有张有弛，语言精练，叙述流畅。事实证明，韦利英译本中采用的减译、删译、改译等翻译方法对于西方大众读者而言是恰当的、有效的，而且为诸多从事中国古典小说翻译的汉学家所欣赏和效仿。韦利英译本于 1942 年首次出版，后来多次印刷，1961 年由企鹅书店出版。2021 年，企鹅书店推出《西游记》蓝诗玲译本，也是节译本，全书 36 回，339 页，还不及韦利企鹅版的 351 页。蓝诗玲译本一般每页 33 行，韦利英译本一般每页 39 行，两译本字号相当，可见蓝译本不及韦译本充实。蓝诗玲在译者说明中解释，出这个新译本一是因为语言在变，要适应新的读者群；二是因为原著太长，出节译本更方便师生和普通读者使用。她认为韦利英译本仍然具有很大的魅力和活力。同样，她也省略了原书的很多章回，对所翻译的章回也有删减或压缩。为了加快叙述进度，她几乎删除了所有重复性文字（Wu，2021：xxxiii – xxxiv）。为企鹅书店翻译《三国演义》的英国汉学家彭马田（Martin Palmer）在译本前言中也致敬韦利。彭马田的《三国演义》译本也是节译本，篇幅约为原著的三分之一。为了保证译本的流利性，他简化了背景信息，删减了许多很长的战争场面描写（反正也是大同小异），删除了近三分之二的诗词。他特别提到企鹅古典丛书中国四大名著的第一个节译本《西游记》韦利英译本。他采取了韦利的翻译原则，关键章回全译，同时保留故事的流利性（I have adopted Waley's policy of full translation of key episodes while ensuring that the flow of the story is also retained）。对于原书内容的删减，彭马田还专门提及人名翻译。原书中一个人物往往有几个名字，他每次只选一个名字翻译，全部都翻译怕读者看不明白（Luo，2018：xxxv – xxxvii）。

五、结语

本文重点从叙事时间和话语模式两方面对韦利英译本进行了探讨与分析。该译本出版至今已有 80 多年，在西方读者中产生了广泛影响，是中国文学外译与传播的典型案例。随着时代的发展和受众需求的变化，《西游记》已推出两个英文全译本和更多的节译本与改编本，但韦利英译本的创作原则和叙事策略依然值得我们进一步探究。翻译与传播当代中国文学作品，尤其是长篇小说，让外国读者通过鲜活的人物、生动的情节、有趣的故事了解当今中国，是新时代翻译工作者肩负的重要使命和光荣职责。讲好中国文学、中国文化故事，需要我们吸取前辈译家智慧，与时俱进，传承创新。

参考文献

1. 安小利. 《西游记》节译本的叙事建构策略探讨 [J]. 吕梁教育学院学报，2021（3）.

2. 陈平原. 中国小说叙事模式的转变 [M]. 3 版. 北京：北京大学出版社，2022.

3. 陈毅平. 长篇小说外译策略与方法：以《西游记》英译本 *A Mission to Heaven* 和 *Monkey* 为例 [J]. 翻译季刊，2022（106）.

4. 胡亚敏. 叙事学 [M]. 2 版. 武汉：华中师范大学出版社，2004.

5. 刘珍珍. 《西游记》节译本的叙事建构策略研究 [J]. 燕山大学学报（哲学社会科学版），2017（5）.

6. 浦安迪. 中国叙事学 [M]. 2 版. 北京：北京大学出版社，2018.

7. 申丹，王丽亚. 西方叙事学：经典与后经典 [M]. 北京：北京大学出版社，2010.

8. 谭君强. 叙事学导论：从经典叙事学到后经典叙事学 [M]. 2 版. 北京：高等教育出版社，2014.

9. 王斌华. 《西游记》韦利英译本的经典化：中国文学外译经典化案例探析 [C]//许明. 翻译跨学科研究：第一卷. 北京：中译出版社，2021.

10. 吴承恩. 西游记 [M]. 汪原放，校点. 广州：广州出版社，1996.

11. 郑远汉. 言语风格学 [M]. 2 版. 武汉：湖北教育出版社，1998.

12. GERALD P. A dictionary of narratology [M]. revised edition. Lincoln & London：University of Nebraska Press，2003.

13. LUO G Z. The romance of the three kingdoms [M]. Translated by Martin Palmer. London：Penguin Books，2018.

14. MIEKE B. Narratology：introduction to the theory of narrative [M]. fourth edition. Toronto：University of Toronto Press，2017.

15. WU C E. Monkey [M]. Translated by Arthur Waley. London：Penguin Books，1961.

16. WU C E. Monkey king：journey to the west [M]. Translated by Julia Lovell. London：Penguin Books，2021.

A Narrative Approach to *Monkey*, Arthur Waley's Translation of *Journey to the West*

Chen Yiping

(*School of Translation Studies*, *Jinan University*, *Zhuhai*, 519070)

Abstract：There has been a large amount of scholarship at home and abroad concerning *Monkey*, Arthur Waley's Translation of *Journey to the West*, which has been the most widely read and best acclaimed of the English versions of the great Chinese novel. However, few publications have been devoted to the study of his version from a narrative point of view. Drawing on such narrative sources as narrative time and mode of discourse, this paper conducts a comparative study of the original and Waley's version to re-examine and re-evaluate his translation methods including omission, abridgment, and rewriting. In so doing, some new light is expected to throw on his translation to contribute to the translation of Chinese literature in the new era.

Key words：Arthur Waley's Translation of *Journey to the West*, narratology, narrative strategy, narrative time, mode of discourse

话剧修辞研究

老舍话剧的词语"前景化"偏离修辞策略

高宇虹①

（复旦大学中国语言文学系　上海　200433）

摘　要：老舍善于运用艺术化的表达手段构建话剧文本。在话剧创作中，老舍打破了语言运用的常规，改变了词语的表达惯式，实现了词语运用的偏离。词语运用的偏离作为老舍实现语言形式"前景化"的手段之一，具有一定的审美功能和交际功能。本文主要从词形、词义、语码三个方面，分析老舍话剧的词语"前景化"偏离修辞策略。在词形方面，老舍主要使用了拆词重组和更换语素两种修辞策略；在词义方面，老舍主要使用了偏离理性义和色彩义两种修辞策略；在语码方面，老舍主要使用了"外语介入"式和"方言介入"式两种偏离修辞策略。

关键词：老舍话剧；词语；前景化；偏离

老舍作为"语言运用大师"，在设置话剧人物对话时强调"说什么固然要紧，怎么说却更重要""说什么可以不考虑出奇制胜，怎么说却要求妙语惊人"②。从中我们可以看出，老舍具有强烈的语言本体意识，在表达上重视语言艺术化手段的运用，在接受上重视语言形式给读者带来的审美体验。在话剧文本构建中，老舍采用了多种艺术化表达手段，其中包括词语的"前景化"偏离手段。本文拟从词语形态、词汇意义、语码偏离三个方面，分析老舍话剧的词语"前景化"偏离的修辞策略。此处特别要说明的是，因为老舍话剧中语码偏离的成分以词语这一语言单位为主，所以笔者在词语范畴中讨论语码偏离的策略。

因为本文是基于"前景化"理论，分析老舍话剧中的词语偏离现象，所以在具体探寻老舍话剧词语的"前景化"偏离修辞策略之前，先简要介绍一下什么是"前景化"。

一、有关"前景化"的理论

"前景化"这一概念源于视觉艺术领域，意为"让需要突出刻画的人

---

①　作者简介：高宇虹，复旦大学中国语言文学系博士研究生，研究方向为汉语修辞学。

②　老舍．出口成章［M］．上海：复旦大学出版社，2004：33.

或物处于画面突出的位置即前景，其他的人或物则构成背景"①。后来，穆卡罗夫斯基、雅各布森、利奇等学者将"前景化"的概念引入文体学研究。在文体学中，"前景化即偏离常规的语言艺术形式，可以让人们习以为常的'惯例化'日常用语变得非自动化、陌生化和非熟悉化，从而产生强烈的美学效果，让人们感觉新鲜陌生"②。其作为一种语言艺术形式，主要是通过平行和偏离两种手段来实现的。其中，"平行"是量的偏离，是对语言单位数量的偏离；"偏离"是质的偏离，是对语言常规的偏离。实际上，并非所有违背语言单位数量和违背语言常规的语言形式都可以实现"前景化"。判断某一语言形式能否完成"前景化"的关键，在于该语言形式是否具有文体价值。具有文体价值的语言形式才有可能实现语言的"前景化"，反之则不可能。因此，只有偏离常规且具有文体价值的语言形式才能成为语言"前景化"的物质基础。同时，也只有当读者以这些特殊的语言形式为路标，沿着文本语言的审美路径去探寻作者的创作意图时，语言形式才能真正从背景走向前景，才能真正实现语言的"前景化"。简而言之，语言的"前景化"是在作者、读者、文本三者动态性互动的过程中完成的。

二、词形偏离的类型

词形偏离是指说话人为了特殊的表达目的，对标准词语中的构件进行改造，使其偏离常规的词语形态。在话剧创作中，老舍主要通过拆词重组和更换语素两种修辞策略，让原型词在形态上发生了显性的质的偏离，从而临时创制出带有新异性的词语。

（一）拆词重组型

拆词重组指的是将原有词语的构词语素拆开，根据表达的需要加入其他的语言成分。相较于原型词，新的语言形式的结构更为松散，内容更为具体。这一修辞策略具有加强词语内部逻辑联系的修辞效果。

（1）**赵 老** 你这个家伙，软不吃，硬不吃，没法儿办！（《龙须沟》）
（2）**郭莉芬** 谁知道他送这个表为了什么，我也不知道他们机关盖什

---

① 崔海光. 前景化概念与文学文体分析［J］. 北京大学学报（哲学社会科学版），2006（S1）：123–128.
② 张德禄. 语言符号及其前景化［J］. 外国语（上海外国语大学学报），1994（6）：9–14.

么仓库，<u>偷什么工减什么料</u>。他回家什么也不说，我也
不爱问。（《生日》）

  （3）**白花蛇** 还有，姑娘大了不可留，留来留去反成仇。不是我爱拉
老婆的舌头，自从二小姐上学没上成，我常看见她一个
人在街上乱串。师姐喝两盅酒，就睡大觉，哪能看得住
二小姐？万一二小姐真闹出点事儿，<u>不是鸡也飞了，蛋
也打了吗</u>？（《方珍珠》）

  例（1）中的"软不吃，硬不吃"是对原型词"软硬不吃"的拆分及
重组。原型词"软硬不吃"意为"对软的或硬的手段都不理会"①。在表
达效果上，相较于原型词"软硬不吃"，其拆词重组后的语言形式"软不
吃，硬不吃"的逻辑性更强，增添了强硬的语气。此处的情景语境为赵老
劝说丁四改行，但丁四并不领情。老舍使用偏离常规的"软不吃，硬不
吃"的语言形式，不仅传递了赵老劝说丁四失败的信息，还表现出赵老对
丁四无奈的态度。例（2）中的"偷什么工减什么料"是对原型词"偷工
减料"的拆分及重组。原型词"偷工减料"意为"在生产中不按照质量要
求，暗中削减必要的工时、工序和用料"②。在表达效果上，相较于原型词
"偷工减料"，其拆词重组后的语言形式"偷什么工减什么料"增添了否
定、质疑的语气，而且工整的语言结构也增强了语势。此处的情景语境为
王立言指责郭莉芬贪污。老舍使用偏离常规的"偷什么工减什么料"的语
言形式，表现出了郭莉芬愤怒的情绪及对王保初施工过程中偷工减料情况
的不知情。例（3）中的"鸡也飞了，蛋也打了"是对原型词"鸡飞蛋
打"的拆分及重组。原型词"鸡飞蛋打"意为"比喻两头落空，一无所
获"③。在表达效果上，相较于原型词"鸡飞蛋打"，其拆词重组后的语言
形式"鸡也飞了，蛋也打了"在增强语言表达逻辑性的同时，也增添了幽
默的效果。此处的情景语境为白花蛇等人想通过方珍珠攀附上高官从而获
得离开北平的机会。老舍使用偏离常规的"鸡也飞了，蛋也打了"的语言
形式，表现出了白花蛇投机取巧的性格，同时也彰显了话剧文本的幽默性
和讽刺性。

  （二）更换语素型

  更换语素指的是对原型词的部分构词语素进行更换。在一定的历史阶

---

① 李行健. 现代汉语规范词典［M］. 4 版. 北京：外语教学与研究出版社，2022：1174.
② 李行健. 现代汉语规范词典［M］. 4 版. 北京：外语教学与研究出版社，2022：1382.
③ 李行健. 现代汉语规范词典［M］. 4 版. 北京：外语教学与研究出版社，2022：633.

段，词语具有凝固性和稳定性。一般情况下，说话人为了保证信息毫无缺省地传递给听话人，往往会遵守语言表达的常规，而不轻易打破词语运用的规约。但老舍出于审美新异性的需求，合情应景地对词语固定的形式进行改造。其临时更换语素创制出的新词，产生了幽默和讽刺的修辞效果。

(4) **娘　子**　那还能不填上吗？留着它干什么呀？老太太，对街面儿上的事您太不积极啦！

　　大　妈　什么<u>鸡极鸭极</u>的，反正我沉得住气，不乱捧场，不多招事。(《龙须沟》)

(5) **大　妈**　您瞧啊，以前，前门里头的新事总闹不到咱们龙须沟来。城里头闹什么自由婚，还是<u>葱油婚</u>哪，闹呗；咱们龙须沟，别看地方又脏又臭，还是明媒正娶，不乱七八糟！(《龙须沟》)

(6) **林大嫂**　(听出弦外之音，也施展口才) 是呀，我是个老<u>落后分子</u>，不象你那么聪明，玉琴！看，你才认识了他这么几天，就多么了解他呀！(《西望长安》)

　　例(4)中老舍运用仿拟的修辞格，临时仿造出了"鸡极"和"鸭极"两个词语。其中，老舍基于原型词"积极"中的"积"和"鸡"语音相同，通过更换同音语素的方式临时仿造出"鸡极"一词；老舍基于"关系联想"①的心理机制，由"鸡"联想到同为禽类种属的"鸭"，从而更换构词语素"鸡"为"鸭"，临时仿造出"鸭极"一词。此处，老舍使用仿拟的修辞格，刻画了一个文化水平有限的人物形象。例(5)中老舍运用了仿拟的修格。老舍基于原型词"自由婚"中的"由"和"油"语音相同，将抽象的"自由"构词语素更换为具象的"葱油"构词语素，临时仿造出"葱油婚"一词。"葱油婚"一词不仅表现出大妈对城里新事物漠视的态度，还反衬出她对龙须沟的喜爱。该词也为我们展现出一个幽默的、安于现状的大妈形象。例(6)中的"落后分子"一词是老舍通过仿拟的修辞格创制而来的，其具体表现为更换原型词"积极分子"中的"积极"构词语素为"落后"。临时仿造的"落后分子"一词是对"积极分子"的偏离，其指代的是"认识水平发展落在后面的人"②。老舍利用仿拟的修格，将林大嫂的自嘲表现得淋漓尽致，突出了林大嫂的幽默风趣。

---

　　① "关系联想"是指"反映事物之间的种与属，部分与整体，主体与宾体，原因与结果等关系的联想"。参见邱明正. 审美心理学［M］. 上海：复旦大学出版社，1993：180.

　　② 李行健. 现代汉语规范词典［M］. 4版. 北京：外语教学与研究出版社，2022：911.

三、词义偏离的类型

词语的意义包括词汇意义和语法意义。本节分析仅涉及词汇意义，不涉及语法意义。在话剧创作中，老舍主要通过改变词语的理性意义和色彩意义，让词语意义发生质的偏离。词义的偏离不同于词形的偏离，词形的偏离属于显性偏离，而词义的偏离属于隐性的偏离，其改变的是词语与语境之间的关系。

（一）理性义的偏离

词语的理性义是人对客观对象特征的概括反映。词语的理性义偏离是指静态理性义的改变。在具体语境中，词语的理性意义会发生多层转换，从静态的语言意义向动态的语用意义转换，在这一过程中，词语音义之间的关系获得重构。老舍通过改变词语所适应的常规语境，使得词语发生能指与所指之间关系的深层错位，让词语偏离原有的理性意义，产生新的词义。

> （7）**王新英** 你们等着看吧！找到了我的亲人，我一定不再忧郁，每天睁开眼就嘎嘎地笑！同志，我去把你的车推出去！这院里的<u>拐弯抹角</u>我都摸熟了！（下）（《全家福》）
>
> （8）**高永义** ……秀才公，你有一肚子<u>四书五经</u>，可没有我说的这本冤孽账！（《神拳》）
>
> （9）**范参谋** 老洪你猜的对！他是<u>张飞</u>的脾气，<u>诸葛亮</u>的办法！（《张自忠》）

例（7）中的"拐弯抹角"常用来"形容说话、写文章绕弯子，不直截了当"①。此处的"拐弯抹角"指的是字面的含义即"弯弯绕绕的路"。该语境重构了词语的能指与所指之间的关系，使得"拐弯抹角"一词偏离了常用的意义，并产生了新的语义指向。例（8）中的"四书五经"静态的理性义指的是"儒家的主要经典，四书指《大学》《中庸》《论语》《孟子》，五经指《诗经》《尚书》《礼记》《周易》《春秋》"②。此处老舍运用了"借代"的修辞格，造成了"四书五经"这一词语理性义的偏离，"四书五经"从原来指代具象的书籍转而指代抽象的"知识"。例（9）中的

---

① 李行健. 现代汉语规范词典［M］. 4 版. 北京：外语教学与研究出版社，2022：500
② 李行健. 现代汉语规范词典［M］. 4 版. 北京：外语教学与研究出版社，2022：1306.

"张飞""诸葛亮"原指代的是汉末三国时期的两大历史人物。一般情况下，人名在句子成分中作主语，而不作定语。但在此具体语境中，人名作定语，该词在句中所处的语法位置发生变化，导致了理性意义的偏离，使得"张飞""诸葛亮"能指被赋予一种全新的所指。此处的"张飞""诸葛亮"所指代的不再是两大历史人物，转而指代的是"暴躁""智慧"的性格特点。所以范参谋对张自忠军长的评价就是"他脾气暴躁，足智多谋"。

（二）色彩义的偏离

词语的色彩义是依附于理性意义，反映着客观对象除性质特点之外的感情、形象等特点。词语色彩义的偏离主要是指静态色彩义的改变。在老舍话剧中，词语色彩义的偏离可以分为两种类型，分别是语体色彩偏离和感情色彩偏离。其中，词语的语体色彩偏离主要通过语体间的错位实现；词语的感情色彩偏离则通过词语意义与语用意义的逆转和旁转实现。

1. 语体色彩偏离

"语体是为了适应不同的交际需要而形成的语文体式。"[1] 在现代汉语词汇中，除了通用的词语适用于所有的语体，还有部分作为某个语体的专用词语，该特殊词语的使用范围有严格的限制。一般情况下，说话人不会让语词偏离所适应的常规语体，而跨界使用某个语体的专用词语。但老舍为了增强语言的表现力，产生幽默、讽刺等积极的修辞效果，让词语偏离了所适应的常规语体，使之发生语体错位，产生新的语体色彩义。

（10）**小唐铁嘴** 待两天你就知道了。

  王 利 发 天师，可别忘了，你爸爸白喝了我一辈子的茶，这可不能<u>世袭</u>！（《茶馆》）

（11）**淑 菱** 然后，用粉扑擦了好大半天；红眼妈似的多丢人哪！（凑过仲文去）二叔，借给我五块钱，我今天非出去不可！听说爸爸实行<u>经济封锁</u>，真的吗？（见仲文点了点头）其实，我要是找爸爸去，一定能要得出钱来。不过，妈妈和你既要抵抗，我就不能作汉奸！所以二叔你得借给我钱，咱们是<u>经济同盟</u>！（《残雾》）

（12）**破风筝** 好家伙，这要传到金喜的妈耳朵里去，又得给我造一片谣言，说我是<u>专制魔王</u>！不行，赶紧从新商议！（《方珍珠》）

---

① 黄伯荣，廖序东. 现代汉语：下 [M]. 增订 3 版. 北京：高等教育出版社，2002：307.

例（10）中的"世袭"原指"世代承袭相传（多指帝位、爵位、领地等）"①，属于带有庄重色彩的政论语体的专用词。此处的"世袭"实现了语体的错位，从政论语体跨界到文艺语体；同时，该词语的语体色彩发生了偏离，从原来庄重的语体色彩偏离至生动活泼的语体色彩。老舍通过"庄词谐用"的方式，暗讽了小唐铁嘴喝茶不给钱的要赖行为。例（11）中的"经济封锁"和"经济同盟"是政论语体的专用词。"经济封锁"是指国家为了达到削弱他国经济实力的目的所采取的一系列措施。"经济同盟"是指国家为了共同的经济利益而缔结的联合协作的关系。"经济封锁"和"经济同盟"属于国家级的战略，其词语常出现在有关国家经济贸易等重要事件和场合中。此处老舍改变了词语的语体色彩义，使用"经济封锁"和"经济同盟"这两个词语来描述淑菱个人面临的经济境况，属于大词小用，也正是因为语体色彩发生偏离所形成的反差，使得话语产生了幽默诙谐的修辞效果。例（12）中的"专制"原指"统治者独自掌握政权，操纵一切"②。该词一般出现在政论语体中，带有庄严的语体色彩。但在这一具体语境中，老舍改变了"专制"一词原来所适应的政论语体，将其应用于文艺语体中，形容破风筝独断专行的性格，属于典型的大词小用。正是因为老舍跨语体使用"专制"一词，实现了语体色彩义的偏离，其语体色彩义形成的反差产生了生动活泼的语体色彩。

2. 感情色彩偏离

冯广义指出："从词语的语义的感情色彩看，上下文语境可以改变词语的语义的感情色彩，使词语的语言意义与语用意义处于逆转或旁转淡然状态之中。"③ 其中，"逆转"指的是在上下文语境中，新的意义与原来的意义绝对相反、完全对立；而"旁转"则指的是新的意义与原来的意义存在差异，但不对立。在话剧中，老舍词语感情色彩的偏离类型可以分为三种：褒词贬用、中性词贬用、贬词褒用。其中，"褒词贬用"和"贬词褒用"两种类型属于词语的意义与语用意义逆转，而"中性词贬用"则属于词语意义与语用意义旁转。

（13）**马五爷** （并未立起）二德子，你威风啊！

　　　二德子 （四下扫视，看到马五爷）喝，马五爷，你在这儿哪？我可眼拙，没看见您！（过去请安）（《茶馆》）

（14）**秦仲义** 日本人在这儿，说什么合作，把我的工厂就<u>合作</u>过去

① 李行健. 现代汉语规范词典［M］. 4 版. 北京：外语教学与研究出版社，2022：1253.
② 李行健. 现代汉语规范词典［M］. 4 版. 北京：外语教学与研究出版社，2022：1810.
③ 冯广艺. 语境适应论［M］. 武汉：湖北教育出版社，1999：162.

了。咱们的政府回来了，工厂也不怎么又变成了逆产。仓库里（指后边）有多少货呀，全完！哈哈！（《茶馆》）

（15）二　春　瞧赵大爷哟！简直像总指挥！

赵　老　（笑）小丫头片子！（《龙须沟》）

例（13）中的"威风"常用来"形容气势令人敬畏"[①]，属于褒义词。此处的情景语境为二德子与常四爷起冲突，马五爷警示二德子。实际上，"威风"一词的感情色彩义在具体的语境中已经发生了偏离，使得感情色彩从褒义逆转至贬义。老舍通过贬用"威风"一词，暗讽了二德子，褒词贬义所形成的反差产生了幽默和讽刺的效果。例（14）中的"合作"意为"相互配合做事"[②]，属于中性词。此处"合作"一词的感情色彩义发生偏离，使得感情色彩从中性转至贬义，从而带有了贬义的感情色彩。此处的情景语境为秦仲义不满日本政府欺辱本国的举动。老舍通过贬用中性词，借由"合作"一词道出了日本政府的蛮横无理，也揭开了他们虚假的面具。例（15）中的"小丫头片子"指的是不谙世事的、顽皮任性的小女孩，该词语带有些许贬义的感情色彩。但此处，老舍通过贬词褒用，使得"小丫头片子"的感情色彩发生偏离，从贬义逆转至褒义。老舍借由"小丫头片子"一词道出了赵老对二春的喜欢与爱护。"小丫头片子"贬词褒用所形成的反差，不仅增加了语言的表现力，还展示出赵老性格和情感的层次性和丰富性。

四、语码偏离的类型

语码指人们用于交际的任何符号系统，可以是一种语言，也可以是一种方言、语体或语域。[③]语码偏离指说话人在同一交际过程中，在主流语言中夹杂其他语言，不同程度地使用两种或多种语言。老舍主要通过"外语介入"式偏离和"方言介入"式偏离两种修辞方式，实现语码的偏离。该语码偏离的修辞策略，实现了语言系统的跨越并完成了多语言系统的荒诞拼接。老舍以普通话为主流语言构建话剧文本，但在其构建过程中，也运用到外语和方言词汇，其旨在通过"别调"另族语言的词汇"硬性介

---

① 李行健. 现代汉语规范词典［M］. 4 版. 北京：外语教学与研究出版社，2022：1412.

② 李行健. 现代汉语规范词典［M］. 4 版. 北京：外语教学与研究出版社，2022：551.

③ WARDHAUGH R. An introduction to sociolinguistics［M］. Oxford：Blackwell Publishers Ltd.，1998：86.

入"文本来突破常规的语言表达惯式，以求表达生动或委婉，提升接受者
对文本的接受兴趣之心理预期。①

（一）"外语介入"式偏离

"外语介入"式偏离主要指同一交际过程中，在主流语言中夹杂外语。
此处，"外语"主要指的是英语。从某种程度上看，老舍在设置人物对话
时，其"外语介入"式偏离的修辞策略表现出了中西方文化的碰撞，不仅
推动了情节的发展，还有助于读者定位情节所发生的时代背景。

> （16）**唐铁嘴**　年头越乱，我的生意越好。这年月，谁活着谁死都碰
> 　　　　　　运气，怎能不多算算命、相相面呢？你说对不对？
> 　　　**王利发**　Yes（原注："Yes"即"对"的意思），也有这么一说！
> 　　　　　　（《茶馆》）
> （17）**佟继芬**　那不行，老赵，你一定要学打牌呀，喝咖啡呀，才能
> 　　　　　　象个Gentleman！
> 　　　**赵　勤**　象个什么？小姐可别骂人哪！（《面子问题》）
> （18）**于科长**　没关系，佟小姐！电棒并不比油灯坏！大夫，你说——
> 　　　　　　难为情？一点也不！我问你，你是医生，外国话是——
> 　　　　　　Doctor……（《面子问题》）

在例（16）的情景语境中，唐铁嘴询问王利发，想要获得王利发对自
己事业的认可。但王利发没有作出直面的回答，而是选用了"Yes"这一
英语单词作出回应。这一"外语介入"式偏离的修辞策略产生了委婉和幽
默的修辞效果。从"Yes"这一英语单词中，我们可以看出王利发对唐铁
嘴事业抱有怀疑的态度，同时也感受到了王利发处世的圆滑。例（17）中
的"Gentleman"译为"绅士"。此处的情景语境为佟继芬指导赵勤如何成
为一个有身份的人。老舍通过"Gentleman"介入话剧文本，凸显了佟继芬
的洋气，从而刻画出了一个讲究身份、追求时髦的佟继芬人物形象。例
（18）中的"Doctor"译为医生，此处的"Doctor"是对前文"医生"的二
次阐释。于科长使用"Doctor"这一英语单词，一方面想要展现自己的才
华；另一方面是顺应语境，为后文作铺垫，用洋文"Doctor"引出其医生
头衔与洋钱的关系。老舍通过"Doctor"英语单词的介入，为我们展现出
一个伶牙俐齿、思维清晰的于科长人物形象。

---

① 吴礼权. 修辞心理学［M］. 修订版. 广州：暨南大学出版社，2013：117.

（二）"方言介入"式偏离

"方言介入"式偏离主要指同一交际过程中，在主流语言中夹杂方言。此处"方言"主要指的是北京方言。在运用北京方言词语时，老舍强调"没多少意义的，不易看懂的方言，干脆去掉为是"①。由此可见，老舍选用的北京方言词语不仅通俗易懂，还蕴含着深刻意义。在话剧中，老舍采用"方言介入"式偏离的修辞策略，不仅增加了话剧的"京味京韵"，还有利于还原情节语境，方便读者定位情节所发生的地域。

（19）**向三元**　你就是个娘们也没人要你！谁要六十多岁的老梆子？珍珠，走！快！（《方珍珠》）

（20）**玉　姑**　姓焦！叫什么我忘了。（忽然想起）噢，噢！这人你还见过呢？就是那年在张庄车站跟我蘑菇，后来又跟你打架的那个大个子！（《王老虎》）

（21）**王利发**　我谢谢您！我这儿正没有辙呢！（《茶馆》）

例（19）中的"老梆子"为北京方言词语，意为"老家伙"②，这是"对年岁大的人的一种极不礼貌的称呼"。老舍选用"老梆子"这一詈骂词，不仅让我们感受到向三元对孟小樵的嫌弃与厌恶，还为我们展现出一个野蛮粗鲁的向三元人物形象。例（20）中的"蘑菇"为北京方言词语，意为"纠缠、耍赖"③。该词相较于普通话中的"纠缠、耍赖"更具有表现力，纠缠的程度更深，生动地还原了玉姑与焦姓男子纠缠的画面。例（21）中的"辙"为北京方言词语，意为"办法、主意"④。老舍偏离普通话中的"办法、注意"而选用"辙"一词，真实地反映了地道的北京人进行言语交际时运用方言的情况。

五、结语

老舍作为"语言运用大师"和"人民艺术家"，善于使用偏离常规的语言表达手段，以此强化语言单位的表达功能。这一艺术化的表达手段不仅提高了文学语言的审美价值，还形成了个人独特的风格。为了传递创作

---

① 老舍.小花朵集［M］.天津：百花文艺出版社，1963：95.
② 陈刚，宋孝才，张秀珍.现代北京口语词典［M］.北京：语文出版社，1997：215.
③ 陈刚，宋孝才，张秀珍.现代北京口语词典［M］.北京：语文出版社，1997：261.
④ 陈刚，宋孝才，张秀珍.现代北京口语词典［M］.北京：语文出版社，1997：444.

意图和提高语言的审美价值，老舍在话剧创作中采用了词语"前景化"偏离的修辞策略。这一修辞策略有助于词语从话剧文本"背景"中凸显出来成为"前景"，引发读者的"不随意注意"，从而"自然引发出文本接受中的'不随意注意'，从而在此基础上进入文本接受的'随意注意'层次，由此加深对表达者所建构的修辞文本的印象及其文本主旨的理解"。[1] 正是在这一过程中，老舍完成了与读者之间的沟通，成功地传递了创作意图。同时，"前景化"偏离的词语会或显性或隐性地表现出偏离常规，产生一种新异性，突破读者的语言结构图式，对读者的大脑形成刺激。在这一过程中，读者获得了一种陌生化的审美体验。

老舍对词语进行偏离，使偏离常规的词语成为话剧文本的凸显形式。在词语实现"前景化"的过程中，老舍严格遵循了"得体性"的修辞原则，他基于创作目的，对词语的形态进行偏离，使其成为最恰当的语言形式来传递信息；改变词语的常规语境，使其产生最适切的词语意义来表达思想。也正是在对词语的选择和偏离的过程中，老舍展现了话剧中丰富多样的人物性格和形象，彰显了话剧情节的地域色彩和时代气息，同时还形成了幽默和讽刺的语言风格。以上均是词语的"前景化"偏离修辞策略产生的文体价值。读者可以通过情景语境、上下文语境，并结合心理联想和逻辑推理等认知方式解读"前景化"偏离的词语，以此收获其文体价值。

参考文献

1. 陈刚，宋孝才，张秀珍. 现代北京口语词典［M］. 北京：语文出版社，1997.

2. 崔海光. 前景化概念与文学文体分析［J］. 北京大学学报（哲学社会科学版），2006（S1）.

3. 冯广艺. 语境适应论［M］. 武汉：湖北教育出版社，1999.

4. 黄伯荣，廖序东. 现代汉语：下［M］. 增订 3 版. 北京：高等教育出版社，2002.

5. 老舍. 出口成章［M］. 上海：复旦大学出版社，2004.

6. 老舍. 小花朵集［M］. 天津：百花文艺出版社，1963.

7. 李行健. 现代汉语规范词典［M］. 4 版. 北京：外语教学与研究出版社，2022.

8. 吴礼权. 修辞心理学［M］. 修订版. 广州：暨南大学出版社，2013.

9. 张德禄. 语言符号及其前景化［J］. 外国语（上海外国语大学学报），1994（6）.

10. WARDHAUGH R. An introduction to sociolinguistics［M］. Oxford：Blackwell Publishers Ltd.，1998.

---

① 吴礼权. 修辞心理学［M］. 修订版. 广州：暨南大学出版社，2013：118.

The Rhetorical Strategy of Deviating from the Word "Foregrounding" in Lao She's Plays

Gao Yuhong

(*Department of Chinese Language and Literature, Fudan University, Shanghai*, 200433)

Abstract: Lao She is good at using artistic means of expression to construct drama texts. In his plays, Lao She breaks the conventions of language use, changes the usual way of expression of words, and realizes the deviation of word use. As one of the means to realize the "foregrounding" of language form, the deviation of word usage has certain aesthetic and communicative functions. In this paper, we analyze the rhetorical strategy of deviating from the "foregrounding" of words in Lao She's plays from three aspects: morphology, word meaning, and language code. In terms of morphology, Lao She mainly uses two rhetorical strategies, namely, word splitting and reorganization, and word element replacement; in terms of word meaning, Lao She mainly uses two rhetorical strategies, namely, deviation from rational meaning and color meaning; in terms of language domain, Lao She mainly uses two deviating rhetorical strategies, namely, "foreign language intervention" and "dialect intervention".

Key words: Lao She's plays, words, foregrounding, deviation

论曹禺戏剧语篇话题的隐性连贯

王晓荷①

（北京师范大学文学院　北京　100875）

　　摘　要：曹禺戏剧语篇中存在着较多隐性连贯现象，其中之一是话题的隐性连贯。曹禺戏剧语篇中的话题连贯具有两重性，一重是显性，一重是隐性。一些相邻话题之间具备显性衔接手段，但隐性层面的连贯与显性衔接手段并不对应，如话题补救现象；而一些相邻话题之间缺乏显性衔接手段，但在隐性层面上又是连贯的，如话题空缺、话题穿插等现象。这些话题隐性连贯现象在曹禺剧作中具有展现人物心理、刻画人物形象、设下悬念、增强作品的剧场性等艺术效果。

　　关键词：曹禺；戏剧；话题；隐性连贯；语境

一、隐性连贯

（一）语境与隐性连贯

　　韩礼德、韩茹凯（Halliday & Hasan，1976）提出，语篇指的是长度不限、具备完整语义的段落，包括口语和书面语。他们提出了语域加衔接理论作为语篇连贯的条件，并指出这两个条件缺一不可。其后，Enkvist（1978）指出，衔接的语篇可以不连贯。Widdowson（1978）则指出，连贯的语篇也可以没有衔接形式。连贯的语篇并不必然具备衔接手段，衔接只是供连贯选择使用的手段。因此，一些学者在语篇外部寻找语篇连贯的线索，他们的研究对象可称为"隐性连贯"。"隐性连贯"这一术语最早由Reinhart于1980年提出。根据Reinhart（1980），隐性连贯仅指"需要强加或推论才能识解的语篇连贯类型"（texts with imposed or derived coherence only）。其后，黄国文（1988）、何善芬（2002）、杨红（2009）等都尝试对其下定义。另有一些学者没有使用这一术语，但是他们是从语篇外部的视角来讨论连贯的，其研究亦可归入"隐性连贯"之列。这些研究成果包括国外的如Widdowson（1978）的言外行为理论、Brown和Yule（1983）的心理框架理论；国内的如朱永生、严世清（2001），朱永生（2005），张德禄、刘汝山（2018），胡壮麟（2018）等。这些学者在讨论外部因素时，

---

　　① 作者简介：王晓荷，北京师范大学文学院博士研究生，研究方向为词汇学、修辞学。

可视为从语境角度着手。综合前人观点，本文对隐性连贯的定义是：隐性连贯是语篇连贯的一种情况，是不体现于语言表层形式而依赖于语篇外部的语境因素达成的语义连贯。我们可以从语篇内外两个角度把握"隐性连贯"的概念。从语篇内部来看，"隐性连贯"之"隐性"体现于形式上无衔接特征，表现为一种"缺环"或"省略"，人们要把握语篇各部分之间的语义连贯性，只能靠语篇外部的语境线索去补足这种"省略"。从语篇外部来看，"隐性连贯"之"连贯"的达成是借助语篇外部的语境因素。关于篇外语境，张德禄、刘汝山（2018）把影响语篇连贯的外部因素归纳为社会文化因素和心理认知因素。本文借鉴其观点，将篇外语境归纳为情景语境、文化语境和认知语境。

（二）话题的隐性连贯

曹禺是著名的戏剧家，其话剧享誉海内外。研究曹禺剧作的论文和专著不胜枚举，但是就目前的研究成果来看，鲜少从隐性连贯的角度讨论曹禺戏剧。然而细读曹剧，我们发现其中存在着许多隐性连贯现象，其中话题的隐性连贯颇值得注意。

关于话题的连贯，张德禄、张爱杰（2006）提出，造成语篇不连贯或者不很连贯的因素主要是语境因素的不一致性。语篇需要在话语范围上表现出高度的一致性，即所涉及的事件应该一致，所讨论的主题要保持一致性。如果缺乏这种一致性，就会在话语范围上缺乏语域一致性。这里强调了连贯的语篇应当在话题上保持一致性。然而，曹禺剧作中的一些话题现象似乎违背了这一点。我们可以从两个层面去看这些现象，一层是显性，一层是隐性。曹禺剧作中，一些话题之间虽然具备显性衔接手段，但是隐性层面的连贯与此显性衔接手段并不对应；或者，话题之间缺乏显性衔接手段，话题看似不连贯，但是从隐性层面来看却是连贯的。本文即借助上述三种篇外语境——情景语境、文化语境和认知语境，对曹禺剧作中的一些话题的隐性连贯现象作一番探讨。

二、话题补救

曹禺戏剧中存在着一种"圆话"现象：发话者话说了一半，感到此话题不宜对受话者道出，为了不引起受话者怀疑，又暗转话题自圆其说，和前面已说出口的那一半内容衔接。其实质是以暗转话题的方式遮掩真正的话题，而遮掩的目的是不想让某个话题被受话者知晓，这其实可以看作一种话题上的"补救"。那么，可以考虑这样三个问题：

一是这种现象在形式上有什么表现？

二是为什么发话者一开始要说出前半句话？又为什么等说到了一半才想起要掩盖？

三是这种现象有什么艺术效果？

在回答这些问题之前，我们要问的是：戏剧受众如何识解某处是圆话现象？这其实是和第一个问题紧密相关的。试看下面三例：

（1）**鲁侍萍**　你是萍，——凭，——凭什么打我的儿子？（《雷雨》）

（2）**周蘩漪**　（不自主地，尖酸）哦，你每天晚上回家睡！（觉得<u>失言</u>）老爷回家，家里没有人会伺候他，你怎么天天要回家呢？（《雷雨》）

（3）**焦　母**　（惊恐）什么，谁告诉你这个？

　　　焦花氏　他都说出来了！

　　　焦　母　（颤栗）可是，这并不是大星做的，这是阎王，阎王……<u>（指着墙上的像，忽然改了口）</u>阎王的坏朋友，坏朋友，造出来的谣……谣言。不，不是真的。（《原野》）

括号里的画线句提示语相当于情景语境，它们的存在提示了受众：发话者心口不一。例（2）和例（3）就是此类。话语中间明显的停顿与话语中一些词的反常重复也会帮助读者识别圆话现象，比如例（1）和例（3）。在例（1）中，"萍"这个词及其同音词"凭"紧挨着出现了三次，中间还加有两个破折号显示明显的中断与停顿。同理，例（3）中的"阎王"也紧挨着出现了三次，中间加有一个省略号表示明显的中断与停顿。而我们知道，连贯是一个语义概念，衔接则是可供选择的形式表现。显然，一个语义连贯的语篇若能同时具备表层衔接手段，其语义连贯将更易为受众识解，人们会感觉更连贯，更易把握其语义脉络。而发话者在圆话现象中为了更好地遮掩原先脱口而出的话题，常采用一些衔接手段。比如例（1）中的"萍"以同音形式复现，例（2）和例（3）中的"回家"和"阎王"都分别在话题暗转前出现，然后在话题暗转后复现。

现在，我们要回答第二个问题：是什么因素使发话者有此种表现？笔者认为，可以从情景语境中话语基调对话语范围的制约来进行讨论。情景语境包含三个变项：话语范围、话语基调和话语方式。朱永生（2005）将三者包含的子因素罗列如下：

情景语境
- 话语范围
  - 社会过程的性质
  - 话题
  - 场合
- 话语基调
  - 权力
    - 平等
    - 不平等
  - 接触
    - 频繁
    - 不频繁
  - 感情投入
    - 大量
    - 少量
- 话语方式
  - 语言重要性
    - 为主
    - 为辅
  - 交谈方式
    - 对话
    - 独白
  - 媒介
    - 文字
    - 声音

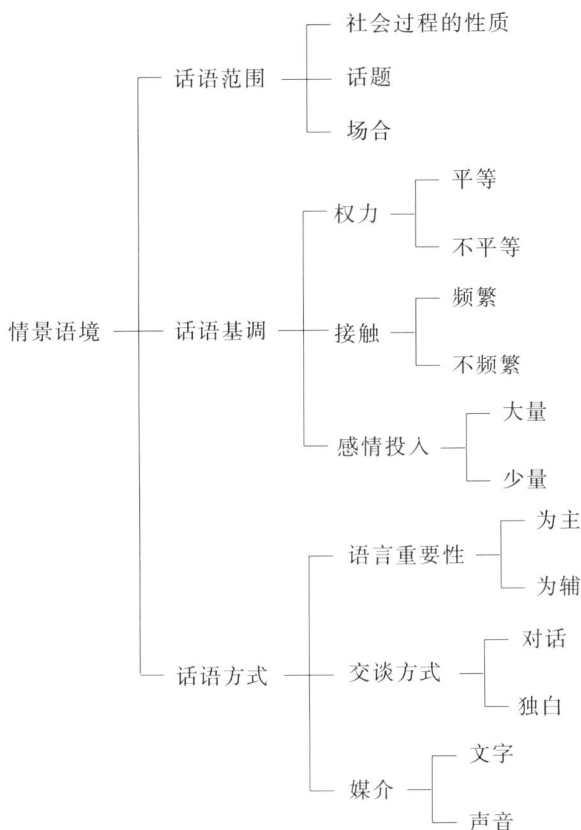

图 1　情景语境的三个变项及其要素

朱永生（2005）提出，情景语境的三个变项并非如韩礼德所言和语义结构关系一一对应，这三者之间其实是互相制约的复杂关系。圆话现象可以从话语基调对话语范围的制约来加以解读。根据 Poynton（1985），话语基调由三种变量组成：权力（power）、接触（contact）和情感（affection）。"权力"指人与人之间的地位是否平等，"接触"指人与人之间联系的频率，"情感"指一个人对某事或某人的情感投入程度。从"脱口而出"到"遮掩补救"这样的一个圆话过程，其实涉及的是话语范围（此处即话题）的动态变化，这又与话语基调的动态变化有关，根本原因在于话语基调的这三个变量是互相制约博弈的。以例（1）为例，鲁侍萍当年作为丫鬟怀了少爷周朴园的孩子，生下周萍，后来被赶出周家后没有再见到过周萍，多年后鲁侍萍阴差阳错之下辗转回到周家，见到了长大成人的儿子却不能相认，但周萍对此并不知情。在话语的前半段——"你是萍"中，此时，从话语基调来看，"情感"这一变量在和"权力"与"接触"的博弈中取胜，鲁侍萍激动不已，想要喊出儿子的名字；但就在此时，"权力"进一步压制"情感"——鲁侍萍知道自己是个下人，而周萍是高高在上的少爷，他们之间存在着很大的"权力"差。说得准确些，此处"权力"压制的只是"即时"情感，即那种十分激动想要与儿子相认的心情，而"情感"还有着长期稳定的状态，即鲁侍萍长期以来对周萍深厚稳定的母爱。这里的"长期""情感"和"权力"一起压制住了"即时""情感"。父母之爱子，为之计深远。鲁侍萍认为她与周萍的身份差别太大，如果贸然相认，只会令周萍脸上无光。出于这种考虑，鲁侍萍只能压制自己的激动之情，用圆话的方式遮掩真实的情感。所以不论是"脱口而出"还是"遮掩补救"，此处的出发点都是鲁侍萍对周萍的爱。

在例（2）中，周家大少爷周萍与其继母周繁漪乱伦，事过后悔，爱上丫鬟鲁四凤。此例即发生在鲁四凤和周繁漪之间。从话语基调来看，制约此处话语范围的话语基调变项主要是"权力"和"情感"。"权力"上是主人和丫鬟的地位分别，"情感"上是情敌关系。周繁漪脱口而出的前半句是"情感"战胜了"权力"，后半句则是"权力"战胜了"情感"。

在例（3）中，仇虎被焦阎王害得家破人亡，受尽牢狱之苦。他逃狱回来复仇，得知焦阎王已经亡故，故打算把这笔账算在焦阎王之子焦大星头上。这段对话发生在焦母和焦大星妻子花金子之间。花金子为仇虎鸣不平，焦母本以为焦阎王对仇虎所做的那些伤天害理的事无人知晓，孰料花金子却说这些事仇虎都已知晓。焦母惊恐万分，于是有了例（3）这段话语。花金子本是仇虎未婚妻，却被焦大星娶走，花金子不爱焦大星，焦大星却很爱她。从话语基调来看，焦母对花金子极其厌恶。花金子和逃狱回来的仇虎旧情复燃，这一切，焦母都心知肚明，所以在花金子面前，她极力撇清焦大星与仇虎悲惨遭遇的关系，因为从话语基调来看，焦大星和焦母是母子，焦母很爱他，不愿他被仇虎伤害。所以前半句她想把所有责任推给焦阎王（事实上焦大星没有参与谋害仇虎），反正焦阎王已经不在人世，但是中国自古有"父债子偿"之说，所以为了保护儿子，她稍加停顿之后又转口改称是"阎王的朋友"所为，这样就能彻底把焦大星择干净了。此处圆话现象的前后两部分都是出于焦母对焦大星的爱，都是话语基调中的"情感"在制约话语范围。

例（1）、例（2）主要涉及发话者和受话者两个人物之间的多重话语基调关系（周萍和鲁侍萍既是主仆，也是母子；周繁漪和鲁四凤既是主仆，又是情敌），而例（3）虽然参与对话的同例（1）、例（2）一样只有两人，主要涉及的却是多个人物之间的话语基调，包括焦母与焦大星之间、焦母与花金子之间、花金子与仇虎之间等。这是因为她们二人此时相当于为自己所爱的人代言。焦母言语中在维护焦大星，花金子则在为仇虎鸣不平，仇虎与大星之间的冲突是主线，而串联会话双方——花金子和焦母之间的恶劣婆媳关系则是副线。

圆话现象在曹禺剧作中具有展现人物心理、刻画人物形象的作用。在这三个片段中，我们看到了鲁侍萍对周萍深厚却无法表露的母爱，看到了焦母爱子情深和自私虚伪的多重形象，也看到了周蘩漪的妒忌之心和因伦理道德无法公开自己真情的压抑心理。在戏剧节奏上，被遮掩的话题其实是影响剧情走向的重要秘密，说出一半之时必定令戏剧受众感到紧张，又突然止步，暗转话题，令受众感到有惊无险，能带来较好的剧场效果。

三、话题空缺

所谓话题空缺，指的是话语的中断。通常在口头形式上表现为不说话，或者说了一半停住了；在书面形式上则表现为省略号或破折号。体现在曹禺剧作中，则包括沉默不接话、欲言又止和隐藏会话一方的话语内容等情况。

（一）沉默不接话

曹禺剧作中存在着大量的沉默不接话现象，其中《王昭君》中有几处颇值得玩味。

(4) 元　帝　王龙听旨。王龙是朕王皇后亲幼弟，是汉家国舅。现封王龙为昭君公主之兄，晋封"送亲侯"。并作萧育副使。
　　 王　龙　…………
(5) 萧　育　……王大人，天子吩咐我，对王大人有管教的责任……
　　 王　龙　什么？你把天子都抬出来？
　　 萧　育　（点点头）天子上月的诏书，您愿意我再对您读一遍吗？
　　 王　龙　（低头，嘘一口气）…………
(6) 乌禅幕　你知道那时呼韩邪单于正在长安吗？
　　 温　敦　（沉默）…………
　　 乌禅幕　你知道你这样做会给他带来什么吗？
　　 温　敦　（沉默）…………

如画线处所示，在这些例子中，受话者面对发话者所发出的话都选择了沉默。我们知道，沉默常常是"有意味的"，沉默可以是默认、默许、无声的抗议等。那么这些例子中，人物的沉默所表达的意思是哪一种？人物为什么选择沉默而不是采用直接言说的方式来表达自己的意见？笔者认为，这一点可以从话语基调对话语范围的制约来进行解读，以把握其隐性连贯。在例（4）中，元帝封王龙为送亲侯，王龙并未领旨谢恩，而是保持沉默。当时在场的有呼韩邪、王昭君等人。待到所有人都退下，只剩王龙和元帝时，王龙报告元帝鸡鹿寨关市被抢，认为匈奴蓄意谋反，提议延缓和亲，扣押呼韩邪。所以王龙此前的沉默不接话是话语基调对话语范围的制约。他的本意是反对和亲，之所以不明言，是因为从话语基调来看，在场的呼韩邪单于有一定的身份地位，而且此番是来和亲的，而要言说的内容是对呼韩邪单于不利的；且王龙作为元帝的妻弟，作为大臣，在地位上要低于元帝，不可贸然谏言，他亦无把握元帝会采纳其言。所以他采用了沉默不接话、私下进言的方式。而在例（5）中，王龙在匈奴地界任意妄为，不听萧育安排。萧育于是拿出天子诏书来压制他，因为天子曾在诏书中嘱咐王龙要听取萧育的意见。王龙此处的沉默不接话其实是回答了萧育的威压式提问："不必再读诏书。"这同样是话语基调对话语范围的制约，这里有两重话语基调，一重直接，一重间接。直接的话语基调是在王龙和萧育之间，萧育对王龙有管教之责，在"权力"这一层上，萧育高于王龙；而间接的一层是王龙和元帝之间的话语基调，元帝作为天子，王龙作为臣子，必然要服从元帝命令。这间接的一层决定了直接的一层，因为萧育和王龙之间的"权力"差是由元帝决定的。在例（6）中，乌禅幕得知其子温敦唆使手下在呼韩邪去汉朝和亲时在鸡鹿寨关市闹事，意图破坏和亲，险些陷呼韩邪单于于险地。这两处质问，温敦都选择了沉默。这里的沉默是默认。之所以温敦没有直接说出口，从话语基调来看，一方面，温敦是乌禅幕的儿子，他对父亲尚有一丝畏惧；另一方面，呼韩邪单于是温敦的姐夫，又是匈奴的王，温敦自知做出此事于情理难容。

（二）欲言又止

在曹禺剧作中，经常出现一些欲言又止的语言现象。欲言又止在书面形式上常表现为一句话没有完结，用上了省略号或破折号。欲言又止在曹禺剧作中出现的一个主要原因是避讳。说到话题，绕不开情景语境的三个变项互相制约的情况，但是在"避讳"这一情况中，还必须考虑到文化语境的作用。文化语境通过作用于情景语境中的话语范围这一变项，间接实现其语篇隐性连贯功能。这也印证了系统功能语言学认为情景语境是文化语境现实化的表现这一观点。

这种避讳又可分为两种，一种是避讳不祥话题，一种是避讳敏感话题。试看《明朗的天》中的一个片段：

（7）**庄政委** 可，我觉得，不太好。（顿）我这眼睛的感觉有些特别。昨天他们又都来看，问他们，他们什么也没有讲，其实应该告诉我。如果是……（顿）

　　李　亭 （想哭）不会的，庄政委！

　　这里庄政委省略的内容便是担心眼睛医治不好，会瞎。我国的文化语境讳言不祥的字眼，说不祥的话更会被冠为"乌鸦嘴"。当然，这里是话语基调和文化语境共同作用于话语范围。因为我们都知道，仇人之间是不惮用最恶毒的字眼咒骂对方的，所以文化语境如何起作用，还要取决于话语基调。从话语基调来看，从"情感"上而言，人们对待自身都是爱惜的，庄政委自然也不希望自己会瞎，所以此处他选择避讳不祥话题，欲言又止。

　　再看《雷雨》中的一个例子：

（8）**鲁四凤** 我的妈最疼我，我的妈不愿意我在公馆里做事，我怕她万一看出我的谎话，知道我在这里做了事，并且同你——如果你又不是真心的，……那我——那我就伤了我妈的心了。（哭）还有，……

　　周　萍 不，凤，你不该这样疑心我。我告诉你，今天晚上我预备到你那里去。

　　注意鲁四凤开启的话轮中的第一个省略号，如画线处所示，这是避讳敏感话题，即鲁四凤婚前和周萍自由恋爱并且发生了关系。从文化语境的角度来看，那个时代的婚姻应当是父母之命媒妁之言，二人之行为有违礼法，故鲁四凤欲言又止。这便是文化语境对话语范围的制约。

（三）隐藏会话一方的话语内容

　　在曹禺剧作中，有一个非常值得注意的现象，那便是剧中人物打电话。通常情况下，曹禺在描写这些电话内容的时候，只记录电话这一头人物的话语内容，不记录另一头。然而，曹禺对这一头话语内容的描写亦足以使人猜到那一头所讲内容。之所以能做到如此，是通过由电话这一头的人复述那一头的内容或概括那一头的内容。如：

（9）**王福升** 喂，你哪儿，你哪儿，你管我哪儿？……我问你哪儿，你要哪儿？你管我哪儿？……你哪儿？你说你哪儿！我不是哪儿！……怎么，你出口伤人……你怎么骂人混蛋？……啊，你骂我……你，你才……什么？你姓金？啊，……哪，……您老人家是金八爷！……是……是……是……我就是五十二号……您别着急，我实在看不见，我不知道是您老人家。……（赔着笑）您尽管骂吧！（当然耳机里面没有客气，福升听一句点一次头，仿佛很光荣地听着对面刺耳的诟骂）是……是……您骂的对！您骂的对！

在这段王福升和金八的电话对话中，电话那头金八的言说内容虽然完全没有出现，但作者通过一些重复手段，比如用"你骂我×××"重复了金八的说话内容，又用"您尽管骂"和"您骂的对"来概括金八的说话内容。观众可以借助认知语境中对"骂"这一事件的认知框架来建构金八的发话内容——主要是一些骂人的内容，又以"你骂我×××"这一例子进一步明确所骂内容是粗俗的脏话。

话题空缺在曹剧中具有设下悬念等艺术效果。人物的或不言语，或欲言又止，或省略一方会话内容，引发受众调动情景语境、文化语境、认知语境等各种篇外语境去解读话题之间的隐性连贯，达到一种揭开谜底的快感，达成作者与受众之间的互动，收到良好的剧场效果。

四、话题穿插

本文所谓话题穿插，指的是下面这样一种现象，即同一个话题中间穿插了其他的话题后又回到原来的话题。这里讨论其中的两种情况——双线穿插和单线穿插。

（一）双线穿插

笔者所谓"双线穿插"，指的是一种交叉式穿插现象，即"各说各话"现象。在这种现象中，发话者和受话者各自在言说不同话题。试看《蜕变》中的一个片段：

（10）**梁公祥**（气忿忿地走到梁面前，唾沫四溅）公仰，我们梁家没有你这个呆子！人家告诉我，你手里一个月出进几百万，你一个钱不拿，穷到祠堂都修不起不讲，你现在连——

梁公仰　(猛拍一下，一手打在衣领上，梁公祥突然愣住，他欣欣然又捉着了一个) 咦，又一个！(立刻捻死)

梁公祥　(意识恢复) 现在连，连自己的侄子——

梁公仰　(把小褂一抖。祥又在望着他。他穿在身上，对他的老哥非常满意地笑了一下) 这一下，可舒服了。

在这段梁公仰和梁公祥的对话中，双方在各说各话，梁公祥在谈论让梁公仰帮其子谋差事的话题，而梁公仰却是在讨论自己捻死的虫子这一话题。每个人都各自开启了两个话轮，各自的两个话轮间都保持着话题的一致，而这两个人的话题之间却并不相关。这可以从话语基调对话语范围的制约来解读。从话语基调来看，梁公祥是梁公仰的哥哥。梁公仰是视察专员，梁公祥来拜托梁公仰为其子谋一份体面差事。抗战年代，其子一无所长，梁公祥却还百般挑剔工作，对工资漫天开价。梁公仰不提供这天价的工资，梁公祥便指责奚落起他来。各说各话看似话题并不连贯，答非所问，实则受话人梁公仰已经回答了。梁公仰用这种转移话题的方式表达一种态度，表达了自己不妥协于其兄的无理要求和不愿与其兄争论的态度。

(二) 单线穿插

所谓单线穿插，指的是一个话题中间被其他各种话题一再隔开，一旦其他话题结束，又回到这个话题，不断往复，将这个话题一直进行下去的情况。试看《明朗的天》中的一个片段：

(11)　贺　瑾　你刚才说，你们团里有一个英雄侦察连。

　　　庄政委　对，对，对。那个连长姓张，是个老侦察兵。

　　　李　亭　(抢着问) 是个英雄？

　　　庄政委　(带着深深的感情) 对。立过多少次功，才二十三岁。(忽然问袁仁辉) 袁大姐，昨天从朝鲜前线来的电话是谁接的？

　　　…………①

　　　李　亭　讲啊，庄政委！

　　　庄政委　(转对李亭、贺瑾) 你们的歌里说，"侦察兵，地上的

---

①　此省略号表示：限于篇幅省略部分原文内容。

老鹰"。我刚才跟你们讲的张连长，他就是老鹰里面最
有本事的。……

［护士挽着赵树德上，他穿着一身新制服，面色红润，
虽然眼睛还没看见，却兴奋、愉快，毫不给人有盲人
的痛苦的感觉。

…………①

贺　瑾　庄政委，你说那个张连长……
庄政委　哦。那个张连长是个四川人。我记得有一次我走到他
　　　　的坑道里，那时候外边敌人的炮火把山炸得乱震，你
　　　　们猜他在干什么？他拿着把刀子在坑道的墙壁上画呢！

庄政委在住院时和少先队员李亭、贺瑾闲聊。庄政委提到了张连长这
个话题。带脚注的两个省略号表示省略掉一些话轮，这些话轮是其他话
题，是庄政委和现场除了两名少先队员之外的其他人展开对话。其他话题
结束后，总会回到张连长这个话题，使这个话题不断进行下去。这也可以
看作话语基调对话语范围的制约，因为临时上场了其他人物比如上述画虚
线处的赵树德，所以庄政委停下和少先队员的闲聊，和其搭话；而人物下
场后，那两个待在庄政委边上的少先队员李亭与贺瑾又重新挑起张连长这
一话题，如画波浪线处所示。这种单线穿插式话题连贯因其中间被其他不
同话题隔断又反复回到这个不变的话题上来，几次之后，自然会引起受众
的"无意注意"②，随之受众亦会希望这个话题进行下去。当其被打断之
时，便如同电视剧精彩之处插入了一则广告，给受众设下悬念，调动受众
的兴味。这个话题仿佛只是庄政委在和孩子们闲聊，似乎与主线剧情无
关，后文庄政委接到了张连长的电话，这个话题又和主线衔接起来。

五、结语

以上我们讨论了曹禺剧作中话题隐性连贯的三种情况：话题补救、话
题空缺、话题穿插。这三种话题连贯方式都有着各自的特点，这一点在形
式上体现得尤为明显，而形式又是和内容紧密相关的。我们可将这三种话
题隐性连贯的形式和内容特点总结如下：

---

①　此省略号表示：限于篇幅省略部分原文内容。

②　无意注意是"既没有预定目的也不需要意志努力的注意。无意注意一般是在外部刺激物
的直接刺激作用下，个体不由自主地给予关注，又因为这种行为是不受意志控制的，因此也称为
不随意注意"。见勾训、黄胜（2018：42）。

表1 曹禺剧作中话题的隐性连贯现象在形式和内容上的特点

类型	形式	内容
话题补救	相邻话题在口头形式上具备衔接手段（如同音重复），中间会有停顿；在书面形式上，停顿表现为破折号或省略号	具有双重内容。依靠显性衔接手段达成的话题连贯表象是为了掩盖隐性话题，而后者不便言说于人前
话题空缺	话题间不具备衔接手段，在口头形式上表现为沉默不接话、欲言又止、隐去一方会话内容等，在书面形式上表现为破折号、省略号	需受众借助篇外语境去解开作者通过"空缺"这种形式所设下的谜，构建话题间的隐性连贯
话题穿插	相邻话题缺乏衔接手段，同一话题呈现出被另一话题隔开后再复现的间隔跳跃式衔接	需借助篇外语境解读双线穿插式、单线穿插式话题的隐性连贯

就艺术效果而言，这些话题的隐性连贯现象增加了解读曹禺戏剧的难度，能使受众在解读戏剧过程中感到破解挑战的快感，使戏剧达到良好的剧场性效果。

参考文献

1. 曹京渊. 言语交际中的语境研究 [M]. 济南：山东文艺出版社，2008.
2. 勾训，黄胜. 心理学新编 [M]. 成都：西南交通大学出版社，2018.
3. 何善芬. 英汉语言对比研究 [M]. 上海：上海外语教育出版社，2002.
4. 胡壮麟. 新编语篇的衔接与连贯 [M]. 上海：华东师范大学出版社，2018.
5. 黄国文. 语篇分析概要 [M]. 长沙：湖南教育出版社，1988.
6. 刘家思. 曹禺戏剧的剧场性研究 [M]. 北京：中国社会科学出版社，2010.
7. 田本相，刘一军. 曹禺全集 [M]. 石家庄：花山文艺出版社，1996.
8. 杨红. 语境与语篇隐性连贯的实现 [J]. 继续教育研究，2009（10）.
9. 张德禄，张爱杰. 情景语境与语篇的衔接与连贯 [J]. 中国海洋大学学报（社会科学版），2006（1）.
10. 张德禄，刘汝山. 语篇连贯与衔接理论的发展及应用 [M]. 2版. 上海：上海外语教育出版社，2018.
11. 朱永生. 语境动态研究 [M]. 北京：北京大学出版社，2005.
12. 朱永生，严世清. 系统功能语言学多维思考 [M]. 上海：上海外语教育出版社，2001.

13. BROWN G & YULE G. Discourse analysis [M]. Cambridge: Cambridge University Press, 1983.

14. ENKVIST N E. Coherence, pseudo-coherence, and non-coherence [C] //OSTMAN J O (ed.) . Cohesion and semantics. Abo, Finland: Abo Akademi Foundation, 1978.

15. HALLIDAY M A K & HASAN R. Cohesion in English [M]. London: Longman, 1976.

16. POYNTON C. Language and gender: marking the difference [M]. Geelong, Victoria: Deakin University Press, 1985.

17. REINHART T. Conditions for text coherence [J]. Poetics today, 1980 (4) .

18. WIDDOWSON H G. Teaching language as communication [M]. Oxford: Oxford University Press, 1978.

On Topic Implicit Coherence in Cao Yu's Drama Texts

Wang Xiaohe

(*School of Chinese Language and Literature*, *Beijing Normal University*, *Beijing*, 100875)

Abstract: There are many phenomena of implicit coherence in Cao Yu's drama texts, one of which is the implicit coherence of topics. The topic coherence in Cao Yu's drama texts has a characteristic of the duality, explicit and implicit. Some adjacent topics have explicit cohesive devices, but the implicit coherence does not correspond to the explicit cohesive devices, such as topic remediation. Some adjacent topics lack explicit cohesive devices, but they are implicitly coherent, such as topic vacancy and topic interpenetration. These phenomena of implicit coherence of topics in Cao Yu's drama texts have artistic effects such as showing the psychology of the characters, depicting the images of the characters, setting suspense and increasing the theatrics of the drama texts.

Key words: Cao Yu, drama, topic, implicit coherence, context